LE BERGER
DES PYRENEES

Martine Casteran

LE BERGER DES PYRENEES

EDITIONS DE VECCHI S.A.
20, rue de la Trémoille
75008 PARIS

Photo de couverture F. Varin - Agence Cogis

REMERCIEMENTS

Je tiens à remercier ceux qui m'ont aidée et encouragée dans la réalisation de cet ouvrage et tout particulièrement Monsieur Guy Mansencal, président de la RACP, qui, depuis le début de mon engouement pour le berger des Pyrénées, a su me prodiguer de judicieux conseils pour bien vivre en compagnie de ce merveilleux chien.
Un grand merci également à Monsieur Alain Pécoult, secrétaire de la RACP, qui a eu la gentillesse de fournir la presque totalité des illustrations de cet ouvrage. En hommage aux grands pionniers de la RACP, Monsieur Sénac-Lagrange, Monsieur Sabouraud et Monsieur Charles Duconte dont les écrits sont une source inépuisable de connaissances sur la race qui nous passionne. Un hommage particulier à Madame Frei, témoin des premières heures et qui conserve un regard toujours aussi attentif et connaisseur sur le chien qu'elle chérit entre tous, le berger des Pyrénées.
A mes deux chiennes, Labasse de l'Arrioutor qui m'accompagne avec une incomparable fidélité depuis 14 ans, et Réole de l'Estaubé, toujours aussi vive et pétulante à 9 ans.

MARTINE CASTERAN

Préface

Le berger des Pyrénées était inconnu du grand public il y a encore dix ans et restait méconnu du monde canin. Il fallait retrouver ce beau petit chien éminemment français, faire taire toutes les sottises écrites sur lui et lui donner l'auréole qu'il mérite.
Martine Casteran, membre du Comité de la Réunion des amateurs de chiens pyrénéens, admiratrice amoureuse et puriste de la race, a voulu remettre les choses à leur place. Elle y a parfaitement réussi.
Son ouvrage, clair, précis, replace le petit berger dans un contexte moderne et l'iconographie abondante fera mieux saisir les subtilités du standard de la race.
Puisse ce livre faire comprendre aux découvreurs de la race, aux initiés, aux amoureux du chien des Pyrénées, le don que la Nature a bien voulu nous faire.

Guy Mansencal
Président de la RACP

Introduction

Il y a à peine une vingtaine d'années le berger des Pyrénées était une race secrète, élevée par une poignée d'éleveurs, non parce qu'ils étaient en quête d'insolite, mais parce qu'ils l'appréciaient pour ses qualités de cœur, davantage que pour son allure pimpante. Ce n'était pas un chien à la mode ni «dans le vent» (bien qu'on ait coutume de dire qu'il est coiffé «en coup de vent»).

D'ailleurs c'est à peine si ses propriétaires d'alors osaient affirmer qu'ils avaient un véritable berger des Pyrénées tant la confusion terminologique avec l'autre Pyrénéen, le chien de montagne, était fréquente. Elle l'est encore. A tel point même qu'on se trouvait la plupart du temps face à des interlocuteurs hilares qui n'imaginaient même pas que ce petit chien hirsute puisse être de race. Il est vrai que dans son pays natal il n'est ni plus ni moins qu'un simple chien de ferme: le chien de berger.

L'apparition en expositions canines du berger des Pyrénées était presque exceptionnelle et passait inaperçue. Et pourtant quelques éleveurs s'attachaient depuis plusieurs années à maintenir tout en les améliorant les caractéristiques essentielles d'un chien dont on dit souvent que ses origines se perdent dans la nuit des temps, mais qui fait entièrement partie de la tradition pastorale des Pyrénées et plus précisément des Hautes-Pyrénées.

Aujourd'hui, en 1989, le berger des Pyrénées continue d'assumer avec une efficacité incomparable son travail de chien de berger à l'ombre des hauts sommets. Parallèlement, et même contradictoirement, il est devenu au début des années 80 — que Monsieur Guy Mansencal, président de la Réunion des amateurs de chiens pyrénéens, appelle *l'ère nouvelle* du berger des Pyrénées — un chien citadin, recherché pour sa petite taille et sa frimousse pétillante et non plus pour ses qualités laborieuses, qualités que sa nouvelle vie (sa nouvelle fonction) ne lui donne plus souvent l'occasion d'extérioriser.

Plus qu'un manuel d'élevage du berger des Pyrénées, cet ouvrage se veut un guide de l'une des plus anciennes races bergères de France. Souhaitons qu'il aide les amateurs chaque jour plus nombreux à mieux percevoir la riche personnalité de leur compagnon afin que l'auxiliaire précieux du pasteur pyrénéen ne tombe jamais dans la banalité ni par son allure ni par son caractère. Ce *grand* petit chien ne le mérite pas.

MARTINE CASTERAN

Que l'attirance spontanée que tout un chacun peut ressentir pour la jolie frimousse du berger des Pyrénées ne lui fasse pas oublier ses autres nombreuses qualités

Histoire de la race, débuts de la sélection

Quitte à décevoir quelques esprits amateurs d'anedoctes, disons tout net qu'il est impossible de déterminer exactement quand apparut le berger des Pyrénées.

D'aucuns avancent comme ancêtre commun à l'ensemble des chiens de berger du même genre — berger bergamasque, berger polonais ou berger de Hongrie — un petit chien oriental, le terrier du Tibet. De la même façon, on attribue à un autre chien du «Toit du monde», le dogue du Tibet, la paternité de la plupart des chiens de montagne dont évidemment le chien de montagne des Pyrénées. Ces deux chiens tibétains auraient suivi les envahisseurs barbares et fait souche sur leur passage. Ils s'y seraient développés d'une manière spécifique selon les contrées traversées. Certes le néophyte trouvera quelques airs de ressemblance entre un berger des Pyrénées et un terrier du Tibet du fait de leur petite corpulence et de leur toison fournie. Mais dans le détail ces deux chiens sont extrêmement différents.

En l'absence de toute base scientifique, il est plus prudent d'éluder le problème en rappelant simplement les origines très lointaines du berger des Pyrénées. Avant son apparition sur la scène cynophile, le berger des Pyrénées n'était vu et connu que dans les Pyrénées et plus précisément dans son aire de répartition, les hautes vallées pyrénéennes. Quelques auteurs avaient bien signalé son existence, mais les descriptions qu'ils en firent s'avèrent si fantaisistes qu'on peut se demander s'ils ont effectivement rencontré ces chiens dont ils parlent.

Le comte de Bylandt le signale en 1897 à l'attention des lecteurs de son ouvrage *Races de chiens* et établit même un standard de la race. D'après lui, il s'agit d'un chien au poil hirsute, au crâne assez plat, long de corps et aux petites oreilles. Un autre auteur, Brehm, en fait une curieuse description, lui attribuant un poil dur à l'âge adulte, mais frisé dans le jeune âge, une haute taille avec une tête large aux oreilles assez pointues et tombantes. Il note qu'il semble posséder «l'intelligence, la douceur, l'intrépidité».

Farou, cité dans la thèse du Dr Dutrey

Buffon dans une édition bien illustrée fait pourtant le portrait d'un berger des Pyrénées de type face-rase, mais il faudra attendre 1927 et la thèse d'un vétérinaire, le docteur Dutrey, *le Berceau d'une race canine, le Chien de Berger des Pyrénées*, pour qu'on ait la première étude satisfaisante de la race.

Une des plus anciennes et des plus rares représentations qu'on ait du berger des Pyrénées est une lithographie du XIXe siècle qui le représente auprès de ses maîtres. On y voit un chien de taille moyenne, aux oreilles taillées, aux jarrets bien coudés, au poil mi-long. L'expression attentive et interrogative avec laquelle il observe son maître est typique de la race et témoigne, s'il en était besoin, de la vivacité ancestrale du berger des Pyrénées. Cette lithographie est d'autant plus remarquable qu'elle est unique. Il n'était pas coutume de peindre un chien roturier.

Or, le berger des Pyrénées n'a jamais été un chien de nobles. Il était, comme il l'est toujours, un chien de ferme auquel on confie la garde et la conduite du troupeau, tâche qu'il partageait d'ailleurs avec cet autre Pyrénéen, le montagne des Pyrénées qu'on nomme

Lithographie du XIXe siècle, collection du Musée Pyrénéen, Lourdes

parfois, à tort, berger. Le montagne des Pyrénées n'est pas un chien de berger, il ne conduit pas le troupeau. En revanche son rôle consiste à le garder et à le protéger contre tous les prédateurs.

En fait, ce que l'on peut apprendre sur le berger des Pyrénées s'est surtout transmis oralement. A la veillée, au coin de l'âtre, les bergers parlaient de leurs chiens et les jugeaient selon leurs qualités. C'est ainsi que s'est maintenue la tradition, des décennies durant, dans la solitude des villages de montagne. L'isolement des vallées était d'ailleurs tel qu'un célèbre cynophile et juge de la première moitié de notre siècle, J. Dhers, écrivait dans un ouvrage intitulé *Chiens de garde, de berger, de luxe, lévriers et terriers:* «Bien qu'il n'y ait qu'un seul standard, on constate cependant certaines différences de vallée à vallée et c'est pourquoi le juge pyrénéen seul peut et sait s'y reconnaître. Ces différences ne portent du reste que sur de secondaires points de détail. Ce sont: le chien à face-rase; les variétés du Labéda aux oreilles plates et au fouet en sabre; d'Arbazzie, véritable type du standard; de Bagnères, moins distingué; de Cauterets, réellement typique; de Saint-Béat, au crâne beaucoup plus arrondi; d'Azun, petit chien noir qu'un profane pourrait prendre pour un diminutif de Groenendael.»

Aujourd'hui encore on observe la grande hétérogénéité du berger des Pyrénées bien qu'on ait établi le standard de la race en favorisant le type d'Arbazzie. En réalité il est difficile de rencontrer deux bergers des Pyrénées parfaitement identiques. Et pourtant la touche pyrénéenne est bien présente, encore faut-il savoir l'apprécier en connaisseur. Cette particularité peut troubler l'éleveur débutant. Là, peut-être davantage qu'ailleurs, une parfaite connaissance de la race sera plus profitable qu'une certaine habitude à jongler avec les pedigrees et les titres, fussent-ils les plus prestigieux.

L'arrivée du berger des Pyrénées sur la scène cynophile date de 1926, lorsque la race fut officiellement reconnue par la Société centrale canine. Cependant quelques années auparavant le berger des Pyrénées commençait déjà à se signaler à l'attention des cynophiles. En 1910 on avait ainsi pu en voir quelques spécimens exposés à l'Exposition canine de Paris par un certain professeur d'agriculture de Seine-et-Marne, Monsieur Joubert. Timide présentation.

En fait, c'est la Première Guerre mondiale qui fit réellement découvrir le berger des Pyrénées. Ce vaillant petit chien avait été réquisitionné en nombre important pour les besoins de la cause. Ecoutons T. Dretzen, utilisateur de chiens de berger qui fut chargé de recruter des chiens dans les Pyrénées lors de la guerre de 14-18: «En ma qualité d'ancien officier dresseur au service des chiens de guerre, il est de mon devoir de proclamer hautement que c'est la race du petit berger des Pyrénées qui a fourni à l'armée les chiens de liaison les plus intelligents, les plus roublards, les plus rapides et les plus habiles.»

Qui s'en étonne d'ailleurs? N'est-il pas le plus véloce, le plus débrouillard des chiens de berger? Il fut même un temps où il aidait les contrebandiers à faire passer des bêtes au-delà de la frontière espagnole. Malheureusement, peu de ces glorieux kamikazes survécurent à leurs exploits. Mais quelques amateurs entreprirent alors de s'intéresser davantage à cette race. Ils fondèrent même un premier club et rédigèrent le premier standard qui fut refusé par la Société centrale canine.

C'est alors que le Colonel Tolet, entouré de personnalités du monde cynophile, crée un autre club, le Club français du chien de berger des Pyrénées, et rédige un standard plus élaboré que le précédent. Nous sommes en 1921.
Deux ans plus tard, en 1923, un cynophile pyrénéen, M. Sénac-Lagrange, crée avec un groupe d'amateurs enthousiastes un club qui innove en réunissant les deux chiens pyrénéens, le berger et le montagne des Pyrénées. Ainsi naît la Réunion des amateurs de chiens pyrénéens, la RACP.
En 1941, le Colonel Tolet disparaît. Son club est mis en sommeil. Il est finalement dissous et rattaché en 1947 au club fondé et présidé par M. Sénac-Lagrange.
Au cours du mandat de M. Sénac-Lagrange, l'élevage du berger des Pyrénées, qui était à ses débuts, provoqua parmi les éleveurs une véritable émulation. On dénombrait une centaine d'éleveurs de bergers et de chiens de montagne sur toute la France. En 1927 M. Sénac-Lagrange publiait un *Annuaire* qui reste un émouvant témoignage de la ferveur de ces premiers éleveurs et un document de référence sur la race qui nous préoccupe ici, un document de première importance dont on trouvera quelques extraits à la suite du standard.
Mais le 17 mars 1954, M. Sénac-Lagrange disparaît. Il est remplacé à la présidence par M. Charles Duconte. Un grand éleveur, M. Sabouraud, assure le secrétariat. M. Duconte va marquer profondément la RACP de son empreinte en la dirigeant dans la continuité de la tradition et en la maintenant en dehors de toutes les querelles partisanes. Sa grande amabilité et sa parfaite connaissance des races pyrénéennes, que ce Pyrénéen de souche appréciait tant, sont reconnues de tous. Il fut un juge remarquable, «intuitif» dira de lui son successeur. Au décès de M. Duconte, c'est le secrétaire de la RACP, M. Guy Mansencal, qui est nommé président. Un homme de terrain lui aussi, qui élève des bergers des Pyrénées sous l'affixe de l'Estaubé depuis 1962. A ses côtés, un jeune éleveur, M. Alain Pécoult, assure la trésorerie et le secrétariat.
On le voit, l'élevage du berger des Pyrénées est un élevage très récent. Nous entendons par là l'élevage structuré répondant aux exigences d'un standard, car de tout temps les montagnards pyrénéens ont su sélectionner leurs chiens selon leurs propres exigences. Et il faut croire qu'ils avaient une juste idée du berger des Pyrénées puisque c'est à partir de leurs chiens que débuta véritablement l'élevage.
Il est donc intéressant de faire connaissance avec ces premiers éleveurs et avec leurs chiens.
Laissons la parole à une grande éleveuse, Madame Frei, qui en 1939 assurait avec son mari le secrétariat et la trésorerie du Club français du chien de berger des Pyrénées dont le Colonel Tolet assurait la présidence. (Madame Frei est aujourd'hui Présidente d'honneur de la RACP.)

«Je me suis intéressée aux chiens de tout temps. C'est M. Mégnin, qui possédait le journal *l'Eleveur*, qui le premier me donna des renseignements valables sur la cynophilie vers l'année 1935. J'ai eu des bouviers des Flandres, mais, déjà avant la guerre, le berger des Pyrénées réunissait les suffrages de mon mari et les miens. Nous admirions Marmot de la Croix des Bouquets, qui appartenait à Madame Caron Savalle, et Gamin, propriété du Colonel Tolet.

«Ce dernier me guidait dans les quelques élevages de la région parisienne et des alentours. J'ai acheté ma première chienne, Quarina de Baïgorry au début de la guerre. Saillie par un étalon du colonel Tolet au moulin de Tavers (Loiret), elle me donna une première portée qui fut à l'origine de mon élevage de la Pastorale, affixe déposé en 1945...

«J'ai eu deux très belles chiennes chez Monsieur Cassou, Ullia et Ursine de l'Adour. Ustou des Fontanettes, de

Ustou des Fontanettes, en 1946. Prop. Mme Frei

l'élevage de Monsieur et Madame Sénac-Lagrange, fut un de mes premiers étalons.

«Je citerai volontiers les affixes du Pas de l'Ours, des Loubonnières, de la Cité, des Gaves, des Rocailles, du Canast, de la Miche, du Vallon, et j'en oublie, qui ont contribué à mon élevage.

Monsieur Sabouraud, affixe de Fleurac, connut la célébrité avec son étalon Weg de la Pastorale, et Willie de la Pastorale, ensuite Doucette de la Pastorale, mère de Fine Mouche de Fleurac (17 CACIB, 45 CAC, plus belle Pyrénéenne à Pau et meilleur chien, toutes races réunies), qui fut ma préférée et ma petite compagne pendant seize ans.

«J'étais juge de berger des Pyrénées dans les années 50 et je représentais également les chiens de berger français à la Société centrale canine...

«Aujourd'hui, âgée et de santé déficiente, je garde malgré tout l'intérêt et l'amour que j'ai toujours eus pour nos chiens, et j'ai près de moi une petite bergère, Oulette de la Grézette,

Grisette, du fameux élevage des Gaves

Weg de la Pastorale. Prod. Mme Frei, prop. M. Sabouraud

venue de chez Monsieur Fontaine, descendante lointaine de la Pastorale, dont elle a tout le type.» (Cf *bulletin de la RACP* n° 9 — 1986.)

Maintenance du type: tel fut le but recherché par tous les grands éleveurs des premières heures de l'élevage, comme il est celui des grands noms de l'élevage aujourd'hui qui ont tous pour base de leur élevage les meilleurs sujets du récent passé. Parmi les élevages qui ont marqué l'histoire du berger des Pyrénées, citons pour mémoire: l'élevage de Lucvielle, de M. Sénac-Lagrange, dont l'un des produits, Berouyette de Lucvielle, fut la première championne de France; l'élevage des Fontanettes, de Mme Sénac-Lagrange; celui du Pas de l'Ours, du Dr Gleize; celui de la Pastorale, de Mme Frei, dont il est question plus haut; celui de la Miche, de Mme Perdrizet, qui aimait tant les sujets gris; de Fleurac, de M. Sabouraud... La grande majorité des chiens actuels ont comme ancêtres les chiens de ces élevages, ce qui permet aux amateurs d'arbres généalogiques de remonter les origines de leurs chiens jusqu'à la 16e génération.

Dans une période qu'on pourrait qualifier d'intermédiaire on vit se créer de

Fine Mouche de Fleurac. Prop. M. Sabouraud

nouveaux élevages alors que subsistaient encore quelques-uns des plus anciens. Ce furent les élevages du Fys, de Mme Direz; du Batlaitous, de Mme Raveau; de la Grézette, de M. Fontaine; de l'Ourdissetou, de Mme Clavères; du Hic, de M. Perrot; de l'Orinclois, de M. Borie; de Canrom, de Mme Mornac; du Pic de Marboré, de Mme Assibat (qui démarra sans affixe); de Poeymayou, de Mlle Lamazou Betbeder; de l'Estaubé de M. Mansencal. La fille de Monsieur Sénac-Lagrange reprenait l'affixe de son père, de Lucvielle.

La grande majorité des jeunes éleveurs actuels, tant en France qu'à l'étranger, ont puisé leurs sources dans l'élevage du président de la RACP, M. Guy Mansencal. Parmi les sujets les plus anciens et les plus marquants de l'Estaubé, citons: le premier étalon qui porta l'affixe, Luz de l'Estaubé, descendant direct de Bichou de Fleurac (prod. M. Sabouraud) et de Weg et Willy de la Pastorale (prod. Mme Frei); sa sœur, La Berroye de l'Estaubé, mère de Maynado qui fit le CACIB de Paris et de la championne mondiale Quagnotte de l'Estaubé. Les descendants de ces premiers chiens, Soulor de l'Estaubé, Urdos de

Un des pionniers de l'Estaubé: Soulor. Prop. M. Mansencal

l'Estaubé, Rosée, Isba, Muscadin, Orme et tant d'autres figurent dans de nombreux pedigrees actuels.

Tel est le destin du petit berger des Pyrénées. Il a traversé notre siècle d'une façon fulgurante. Hier, reclu dans la solitude des montagnes, aujourd'hui se partageant la vedette avec des personnalités du Tout-Paris. Ce n'est plus de rocher en rocher qu'il saute désormais mais de canapé en canapé! L'air y est moins pur, les coussinets y sont moins sollicités mais le chien y met tout autant de vigueur! Car il faut bien le dire: en descendant de ses montagnes natales, le berger des Pyrénées n'a rien oublié de son patrimoine. C'est le même chien, avec le même caractère dynamique, qui vit aujourd'hui dans nos villes.

La championne Berouyette de Lucvielle. Prop. M. Sénac-Lagrange

Villageoise, une adorable, facétieuse et vaillante chienne berger des Pyrénées

Le berger des Pyrénées, un chien de caractère

Il est indéniable que la nature sauvage des montagnes pyrénéennes a façonné le caractère du berger des Pyrénées. A cet égard le standard précise même la pointe de méfiance qui le caractérise. Méfiance mais aussi influx nerveux presqu'excessif, qui sont des qualités requises pour un chien soumis à un travail rigoureux effectué dans des conditions de terrain difficiles. Nous sommes, ne l'oublions pas, en montagne où la hardiesse, le dynamisme, l'endurance et la frugalité sont les meilleurs atouts d'un chien de travail. Le berger des Pyrénées les possède tous. Ils sont la trame de son caractère. Physiquement le berger des Pyrénées est également parfaitement adapté à sa tâche. Sa taille réduite, son poids faible en font un auxiliaire très efficace. Dans ces régions escarpées nul n'est besoin d'un chien trop puissant qui risque d'être également moins agile et qui peut même devenir un danger pour les brebis en les bousculant. La taille du berger des Pyrénées n'excède pas 0,48 m pour un mâle et son poids (surtout dans des conditions d'alimentation précaires) tourne autour de 10 kg. Un avantage supplémentaire pour son maître qui peut le transporter rapidement... sur son vélomoteur jusqu'à l'alpage le cas échéant!

Méfiance, vif influx nerveux, petit gabarit font le berger des Pyrénées. C'est son patrimoine. Viennent s'y ajouter une frimousse très sympathique, tour à tour rieuse ou sévère, et une fourrure opulente.

C'est presque le superflu. Mais c'est souvent ce superflu qui rend le berger des Pyrénées si attractif, bien loin des motivations qui incitent un berger à utiliser cette race. Il serait regrettable sous prétexte d'urbanisation d'oublier *comment* fonctionne un berger des Pyrénées.

Ce n'est certes pas un chien comme la plupart des autres. Les néophytes s'en aperçoivent d'ailleurs relativement vite surtout s'ils n'ont pu glaner aucune bonne information au sujet de leur futur compagnon avant de l'acquérir. A la limite le berger des Pyrénées n'est pas à conseiller aux personnes qui n'ont jamais eu de chien. Mais personnellement ce fut mon cas et

Ci-dessus, un chien de berger compétent: garde au carré par Nay des Espautières, prop. M. Chauvet

La taille du berger des Pyrénées n'excède pas 0,48 m. Clarine du Val Soannan, une face-rase de M. Mansencal

aujourd'hui je regretterais certainement de ne pas l'avoir connu! Mais il serait sans doute judicieux de prévenir les personnes qui n'ont pas le goût de la discipline que ce charmant petit chien pourrait les surprendre par un certain abus d'autorité canine...

Le berger des Pyrénées est né pour se rendre utile. Sa vitalité à fleur de peau ne cherche qu'à s'extérioriser. Si on peut lui confier une tâche: garder les brebis, la maison, les poules, il fera honneur à son maître et s'en acquittera avec acharnement. S'il n'a rien d'autre à faire que de satisfaire l'affection de son maître il est impératif de trouver des subterfuges à sa grande quête d'activité. Il est également indispensable de lui faire comprendre que même s'il n'a rien à faire, il lui est impératif de se soumettre aux ordres de son maître, au moment où il les exprime.

Comme la plupart des chiens de berger, notre petit Pyrénéen est un chien soumis qui a besoin d'avoir un vrai maître, un chef de meute en quelque sorte. Sinon... sinon c'est le chien qui prend la directive d'assumer cette fonction avec tous les moyens dont il peut user malgré sa petite taille. On a peine à croire qu'un petit poilu d'apparence si plaisante puisse devenir un chien aussi difficile, hargneux et parfois agressif avec son entourage.

De nombreux bergers des Pyrénées mal compris et donc jamais éduqués ont servi une très mauvaise publicité à

La face rieuse du berger des Pyrénées. Amic de l'Estaubé

Ci-dessus, tête typique de face-rase

Ce petit chien è l'allure sociable peut se montrer tyrannique. Rouye de l'Estaubé

leurs congénères. On a entendu certains vétérinaires dire qu'ils étaient méchants. Nous le répétons: il s'agit là non d'un trait de caractère inné mais du résultat d'une absence totale d'éducation et de maîtrise du chien.

Le berger des Pyrénées est un chien extrêmement intelligent dans son travail, intuitif et aussi roublard. Le devoir de tout maître attentif est de lui permettre de révéler ces qualités pour leur profit réciproque. Sinon le berger des Pyrénées est assez malin pour déceler les failles de leur coexistence et les mettre à son unique avantage. Ce faisant, cet animal de meute qu'est le chien ne sera pas vraiment équilibré et traduira son instabilité caractérielle par un comportement inadéquat.

Le berger des Pyrénées est méfiant de nature. On a même pu lire que parfois, dans les fermes pyrénéennes, seul le berger, son maître, pouvait l'aborder. Comment expliquer une telle méfiance si ce n'est en replongeant ce chien dans son environnement naturel: des vallées relativement isolées et la solitude des alpages. Et ceci des siècles durant. Ajoutons à cela les rapports assez frugaux que les bergers entretiennent avec leurs chiens. Ce ne sont pas des toutous de compagnie mais des travailleurs. On les respecte pour ce qu'ils font, sans plus. Beaucoup de nos bergers citadins auraient gagné à ne pas être trop dorlotés et à être considérés comme de bons chiens. Avec un tel cabochard un peu de rudesse ne nuit pas. Au contraire.

Cette méfiance naturelle est souvent considérée comme de la crainte. Il n'en est rien. La RACP considère d'ailleurs qu'on ne doit pas pénaliser en exposition un chien *sur le recul.* En revanche on doit rejeter un chien franchement agressif. Le berger des Pyrénées est en quelque sorte un chien prudent. Il ne se lie pas facilement avec ceux qu'il ne connaît pas. Il refuse même de se laisser toucher. C'est parfois un grand avantage car ce n'est pas le genre de chien qui se laisserait facilement enlever par n'importe qui. On peut très bien le laisser à la porte d'un magasin (en lui intimant l'ordre de ne pas bouger) sans risquer de ne pas le retrouver à la sortie. En revanche, un bon maître devrait obtenir que son berger des Pyrénées se laisse toucher tranquillement soit par un juge en exposition soit par le vétérinaire. Le chien peut marquer un temps d'arrêt mais doit faire suffisamment confiance à son maître pour obtempérer le moment voulu.

En corrélation étroite avec la méfiance innée du berger des Pyrénées, le maître peut être confronté à la vivacité de voix de son chien. Le berger des Pyrénées est aboyeur, c'est un fait qu'on ne saurait nier. Un avantage certain: personne ne longera votre propriété ou votre appartement ou votre voiture sans que vous n'en soyez averti! C'est comme cela, il aboie, c'est dans sa nature, et c'est, devrait-on ajouter, un atout dans sa fonction de maîtriser son troupeau. Les remèdes? En atténuer la durée uniquement. Mais si l'on ne supporte pas les

Le regard perçant et attentif de Pastoureau, prop. M. Pécoult

aboiements d'un chien, il faut s'abstenir d'avoir un berger des Pyrénées ou porter des boules «Quiès»! L'aboiement chez lui est naturel et, pourrait-on dire, partie intrinsèque du personnage.

Le berger des Pyrénées possède un maximum d'influx nerveux. C'est un chien toujours sur le qui-vive, un véritable concierge en zone urbaine, 100 000 volts s'il est en liberté. De la dynamite que rien ne semble exténuer véritablement. En promenade il va inlassablement de l'un à l'autre, retraçant le cercle autour de son troupeau familial. Si l'on a pris la (bonne) habitude de jouer avec lui à la balle, il ne cesse d'inciter à de nouvelles parties. Bref c'est un chien d'action qui sera ravi d'accompagner son maître faire son jogging ou son entraînement à vélo. Il aime participer. C'est également un chien tout indiqué pour l'agility dog et d'autres activités canines telles que le pistage ou la recherche en décombres.

Un berger des Pyrénées n'est pas vraiment à sa place en ville mais il peut y vivre à condition que son maître sache respecter ses besoins d'activités et aussi de présence. Il serait douloureux pour un tel chien de rester enfermé tout seul pendant sept à huit heures par jour quand ses maîtres sont au travail. Même s'il a la possibilité de sortir et de se détendre avant leur départ et après leur retour. On ne peut cloisonner aussi longtemps un chien tellement actif de nature sans risquer d'en faire un hypernerveux qui deviendra vite un fardeau à supporter. Ceci ne veut pas dire qu'un berger des Pyrénées ne puisse pas rester seul. Au contraire il en est tout à fait capable dans la mesure où cette solitude et cette inaction forcée ne sont pas son lot quotidien. Sans compter qu'en l'absence de tout contrôle il pourrait aboyer toute la journée au grand désespoir des voisins, et ne manquant pas de provoquer leur juste colère!

L'œil interrogateur de Myrtille de l'Estaubé, prop. M. Audibert

Le berger des Pyrénées, chien de berger par excellence, a toujours vécu en contact étroit avec l'homme même si ce contact n'était que visuel et auditif. Ce chien a un besoin énorme de présence. Sans son maître il ne sait que faire. A la limite (mais il ne faudrait pas en faire un principe), il serait plus heureux dans un petit studio en compagnie de son maître que livré à lui-même toute la journée dans une immense propriété à la campagne. La vie citadine ne lui sera donc agréable que dans la mesure où il pourra bénéficier de la présence de son maître, d'activités de délassement telles que sorties en liberté au bois ou dans un parc, d'un minimum d'une heure et demie, et qu'on aura su l'éduquer pour en faire un chien agréable à vivre.

A la page précédente, l'expression fougueuse d'Izeste, de l'élevage de M. Mansencal

Cabri de la Bourguine. Prod. M. Pécoult, prop. Mme Maillan

Un chien qui a besoin d'espace. Aymade, prop. M. Pécoult

L'expression malicieuse de Trémoulet de l'Estaubé

Tarquin le Superbe en compagnie d'un montagne des Pyrénées. La différence est de taille!

Braise de l'Estaubé, prop. M. Pécoult

Sarrat de l'Estaubé en robe de cadenette

L'éducation

Si le berger des Pyrénées est un chien de caractère, c'est également un chien très réceptif à toutes formes d'éducation. Comment d'ailleurs pourrait-il rendre des services aussi efficaces en montagne s'il en était autrement? Seulement, avec ce caractère bien trempé, il est nécessaire d'user d'une certaine fermeté. Le principe qui veut que «ça passe ou ça casse» s'applique parfaitement au berger des Pyrénées. Et c'est tout petit, lors de son acquisition, qu'on doit commencer à l'éduquer. Sinon les mauvaises habitudes deviennent très difficiles à faire oublier.

Pour se faire obéir le propriétaire d'un berger des Pyrénées dispose de deux procédés: la voix ou, et n'ayons pas peur du mot, la badine, selon son degré de réceptivité. En effet, certains sujets réagissent fort bien à la voix à condition qu'elle intervienne avec vigueur. Une voix sèche et impérative qui sait ce qu'elle veut et évite, à tout prix, le style mielleux. Si le chien est vraiment réfractaire, il y a lieu d'appuyer les ordres à l'aide d'une badine ou d'un journal replié. Evidemment, aujourd'hui la badine ne fait plus partie des méthodes douces dont abondent certains manuels d'éducation. Mais notre petit berger des Pyrénées n'a pas encore suivi l'évolution de la mode en matière d'éducation. Il est resté, et restera toujours, ce fils du terroir pyrénéen, dur, fier et solitaire comme les Pyrénéens eux-mêmes.

Autorité, sévérité mais justice sont les principes en matière d'éducation pour un berger des Pyrénées.

La propreté

Si le chiot que vous venez d'acquérir n'a pas encore reçu la totalité de ses vaccinations, il est plus prudent d'éviter de le sortir si vous habitez en zone urbaine. Pour ses besoins vous aurez donc soin de lui choisir un coin facile d'accès et de nettoyage, où vous installerez des journaux ou une serpillière. La cuisine ou la salle de bain semblent les lieux les plus indiqués. Si vous habitez à la campagne avec une cour ou un jardin, le problème est simplifié. Il suffit de conduire le chiot dehors.

Au début de votre cohabition et si le chiot n'a pas été habitué à cela, il vous faudra user d'une certaine patience.

En concours, la dignité est de mise: Joy de Lucvielle, prod. Sénac-Lagrange

A la page suivante, Tourmalet de l'Estaubé, un face-rase arlequin plusieurs fois champion

En principe il faut sortir un chiot dès qu'il se réveille ou qu'il a fini de manger. Dès qu'il satisfait à ses besoins dans l'endroit que vous avez choisi, félicitez-le largement. Vous le verrez, un chiot de berger des Pyrénées apprend facilement ce qu'on attend de lui, et bientôt c'est tout seul qu'il se dirigera vers son petit coin. La transition de la serpillière au caniveau s'effectue ainsi: n'hésitez pas à descendre dans la rue avec un morceau du journal souillé et déposez-le dans le caniveau. Le chiot en le reniflant reconnaîtra ses traces et finira au bout de quelque temps par opérer à l'endroit désigné. C'est tout petit qu'on devrait lui apprendre le caniveau, aussi évitez de le laisser «faire» n'importe où.

Etre sévère ce n'est pas punir à tort et à travers. On ne peut punir un chiot qui fait des bêtises parce qu'il a besoin de se dépenser. Il suffit au départ de lui donner des jouets à lui, et de jouer avec lui. Les chiens n'ont pas le sens du bien et du mal. Ils jouent par nécessité et ce serait manquer de respect que de réprimander cette turbulence on ne peut plus naturelle. S'il s'en prend à des objets personnels tels que chaussons ou livres, c'est là qu'il faut intervenir en disant sèchement «non», en lui proposant aussitôt d'autres jouets et en le félicitant de les utiliser. Le chiot comprendra très vite qu'en

jouant avec ses jouets à lui il est doublement gratifié alors qu'avec vos objets personnels il n'obtient qu'un résultat désagréable. Bien punir c'est aussi bien récompenser. Le résultat: c'est la confiance qui s'instaure progressivement entre le maître et son chien. Confiance qui permettra à l'un et à l'autre de franchir allègrement d'autres étapes.

La laisse

Apprendre à marcher en laisse est une épreuve pour tous les chiots. Les jeunes bergers des Pyrénées n'y échappent pas et c'est parfois encore plus douloureux pour eux du fait de leur fougue extrême. Il est donc conseillé de les habituer très tôt au port du collier. Dès qu'il s'est familiarisé avec le collier, on peut y attacher la laisse et tenter une promenade. Il est grotesque de vouloir obtenir un résultat dès le début. Il ne s'agit pas d'un rodéo! L'important est de rassurer et de féliciter le jeune chien, de lui montrer que le port de tels artifices permet d'aller se promener, d'aller s'amuser, et de lui faire oublier que c'est également une contrainte.
Toutefois, il risque de tirer. Il est

d'ailleurs très fréquent de rencontrer en ville ou sur les rings d'exposition des maîtres traînés lamentablement par leurs bergers tirant une langue d'enfer. D'après eux il est impossible de les faire marcher correctement. Si, au départ, on avait pris soin de tenir le chien d'une main et de l'autre un journal replié ou une légère badine pour stopper les trop vives ardeurs de l'animal, cela se passerait mieux. Il n'est pas question d'asséner un coup sur le museau de l'animal mais de lui faire comprendre qu'il ne peut décemment dépasser le genou de son maître, que cela ne sert à rien et que c'est même désagréable. Après quelques essais infructueux, le chien apprend à marcher correctement. Surtout ne pas oublier de ponctuer toute action éducative d'une brève consigne. Inutile de faire des phrases que le chien ne peut comprendre. «Derrière!» ou «assis!» doivent suffir. Et toujours agir sur le fait. L'éducation d'un chien est le fait d'une grande attention et aussi d'une grande disponibilité. Il faut savoir prévoir ses réactions pour l'aider à franchir quelques caps difficiles. Et surtout ne jamais tomber dans le laxisme en pensant qu'il s'améliorera en vieillissant. En ce qui concerne le berger des Pyrénées c'est encore moins vrai, car il conserve relativement longtemps la verve et l'exubérance de sa jeunesse.

Dès que le cap de la petite enfance est franchi, avec les problèmes de propre-

Le berger s'habitue très bien à la laisse. De gauche à droite: Isba, Soulor, Urdos et Izeste de l'Estaubé

té en particulier, le jeune berger des Pyrénées est capable d'apprendre d'autres consignes. C'est relativement jeunes qu'on devrait les habituer à rester assis ou couchés, à se taire sur ordre. Le berger des Pyrénées est, pourrait-on dire, avide d'apprendre et se prête remarquablement à ces séances d'éducation. Il importe d'en assurer une quasi-quotidienneté et qu'elles ne s'éternisent pas car les chiens ont une assez faible capacité à être attentifs longtemps.
Cela suppose un certain entraînement, comme celui des chiens qui travaillent. On sera surpris de constater que le berger des Pyrénées joue à obéir à son maître, que cela lui fait réellement plaisir, comme s'il se rendait utile dans ces moments-là. Alors sachons profiter pleinement de sa disponibilité.

Le rappel

Le rappel fait partie des premières leçons que le jeune berger des Pyrénées doit recevoir dès qu'il arrive chez son nouveau maître. Toutes les occasions sont bonnes pour lui faire assimiler son nom et le faire venir à son appel. Il suffit déjà de profiter des mouvements spontanés que le chiot fait vers son maître: il attend son repas et vient vite près de vous. Prononcez son nom tandis qu'il se précipite. Faites-le également lorsqu'il vient vers vous qué-

Meilleur lot d'élevage, appartenant à M. Amaré, Rabastens 1988: Bigor, Usclade, Bigourdane, Uzer et Douce

mander une caresse. A force d'entendre son nom alors qu'il se déplace vers vous, le chiot aura vite fait d'associer votre parole et son geste. Il sera alors plus aisé de lui apprendre à venir «pour rien», tout simplement parce que vous l'aurez décidé. Les nouveaux propriétaires de bergers des Pyrénées constatent d'ailleurs assez souvent que c'est un des exercices les plus faciles à apprendre à leur chien. Un berger des Pyrénées s'éloigne relativement peu de son maître même s'il se promène en liberté. On pourrait même dire qu'il est relativement pot-decolle! Ce n'est pas une raison pour ne rien lui apprendre du tout. D'autant plus que nous ne sommes jamais à l'abri d'un incident. Un chien qui n'hésite pas à revenir vers son maître dès que celui-ci le rappelle peut éviter de se faire écraser ou de porter préjudice à quelqu'un.

Il est un écueil que chaque nouveau propriétaire de berger des Pyrénées doit absolument éviter surtout s'il vit en ville. C'est de ne pas oser donner entière liberté à son jeune chien sous

prétexte qu'on a peur qu'il ne s'éloigne trop ou qu'il se fasse écraser.

Il n'est bien sûr pas question de laisser divaguer dans les rues un jeune berger des Pyrénées. Ce chien habitué depuis des décennies aux grands espaces non clos de ses Pyrénées natales ne peut discerner les cloisonnements de la vie citadine. Pour lui il n'existe pas de frontières entre les trottoirs et les rues et sa vivacité d'action peut lui être fatale. En revanche plus tard, lorsqu'il aura acquis un peu plus de maturité et surtout lorsque vous l'aurez bien en main, il apprendra facilement à attendre au bord du trottoir avant de traverser en collant à vos talons. Mais là il vous faut de la patience et de la persévérance dans votre éducation.

Pour ses premières sorties en liberté on veillera à choisir des lieux suffisamment écartés de la circulation: un parc autorisé aux chiens ou un bois. Dès qu'on le lâche, le chiot s'élance comme un fou grisé de liberté. Laissez-le faire. C'est en manifestant ses craintes ou son manque de confiance qu'on perturbe le plus un

A la page précédente, Vianne, prop. M. Mansencal

Ci-contre, Quercy du Hic (prod. M. Perrot, prop. M. Sable) aux aguets...

chien. Lorsqu'il se sera bien défoulé, commencez à le rappeler. S'il obéit, félicitez-le avec effusion (ne craignez pas d'être ridicule!). Une caresse pour récompense, suivie d'une invitation de votre part à jouer. Puis recommencez à l'appeler. Le retour d'un chien doit toujours être accompagné d'un événement agréable. S'il tarde à revenir vers vous, surtout pas de colère, pas de gestes brutaux. Conservez votre calme et recommencez l'exercice. Il importe absolument de ne jamais perdre son sang-froid. Il suffit d'avoir une seule fois manifesté du mécontentement au retour (même tardif) de son chien pour que cette réaction reste gravée dans sa mémoire et qu'il hésite à l'avenir à obéir. Le berger des Pyrénées est un animal sensible, presque émotif. La sévérité ne signifie ni injustice ni brutalité. Elle implique avant tout d'être maître de soi-même. Près d'un tel maître, un chien comme le berger des Pyrénées s'épanouit très bien. Mais rien n'est plus perturbant pour lui qu'un maître qui ferme les yeux un jour pour piquer une colère le lendemain.

... une expression caractéristique. Phalène des Espautières

Les attitudes

Le berger des Pyrénées est un chien très attentif à son maître. Il semble qu'il l'observe en permanence et parfois même on dirait qu'il a des yeux derrière la tête ou qu'il devine ses intentions. Ses yeux malicieux le questionnent. Il règne fréquemment entre ce chien et son maître une étrange complicité. Aussi est-il relativement facile de lui apprendre quelques attitudes.

Rester assis par exemple, ou couché. Un tel chien peut parfaitement obéir à un simple geste. C'est d'ailleurs de cette façon que les bergers se font obéir dans la montagne. Dès qu'on a obtenu la position désirée il convient de la maintenir le plus longtemps possible en monopolisant l'attention du chien, par la parole ou le geste de la main tendue. On arrête l'exercice en lui lançant un nouvel ordre: «Va!» Surtout n'oubliez pas de le féliciter!

Certains peuvent penser que tous ces exercices sont du cirque. A quoi bon forcer un chien à rester couché ou assis. C'est pourtant très important, et quoi qu'on impose à un berger des

Deux belles têtes: Azet et Bellocq, prop. M. Mansencal

Pyrénées citadin, on n'épuisera jamais le potentiel d'aptitudes que ce petit chien possède. Aptitudes qui ne cherchent qu'à s'exprimer et que sa nouvelle situation de chien urbain freine trop souvent. Nous le disions plus haut, le berger des Pyrénées aime obéir. Il lui semble alors qu'il rend service à son maître, qu'il est utile et même indispensable. Un peu masochiste? Pourquoi pas? Alors laissons-lui ce plaisir.

Un chien bien éduqué c'est, ne l'oublions pas, un chien bien dans sa peau, qui peut profiter pleinement d'un maximum de liberté. C'est un chien qui ferait aimer les chiens à ceux qui n'en ont pas. Et quand on aime une race n'a-t-on pas plaisir à faire valoir ses qualités aux yeux des autres?

A la page suivante, Anglet, dit Athos, prop. M. Jambon

Ci-dessous, Pastoureau, prop. M. Pécoult, prod. M. Cazajous

Le travail au troupeau

Le sens inné du travail du berger des Pyrénées permet d'envisager de l'utiliser dans diverses activités sportives et de travail. C'est dans ces épreuves que l'on pourra d'ailleurs apprécier au mieux ce qui fait le fond de son caractère, à savoir énergie, endurance, adresse, débrouillardise et vivacité d'exécution.

Par tradition le berger des Pyrénées est avant tout un chien de berger. Il a de tout temps été utilisé pour cette unique fonction dans les Pyrénées. Il s'est forgé à cette fonction aussi bien au physique qu'au moral. On peut s'étonner qu'un chien de si petite taille soit efficace. Nous l'avons déjà dit, en montagne son gabarit convient parfaitement. Léger et adroit, il est extrêmement rapide. Son centre de gravité, près de la terre, lui assure un parfait équilibre dans des paysages accidentés. En outre sa petite taille ne représente pas un danger pour les troupeaux lors de passages escarpés alors qu'un chien plus costaud et donc plus lourd risquerait de heurter trop brutalement les brebis. Actuellement le berger des Pyrénées est le seul chien français à assurer le travail sur troupeau traditionnel. Ailleurs les clôtures ont eu vite fait de remplacer les auxiliaires canins et le chien, s'il est encore utilisé, ne sert plus en fait qu'à conduire et reconduire les brebis de la bergerie aux pacages et inversement. Ce n'est pas la place d'un berger des Pyrénées. Celui-ci n'est pas en premier lieu un chien de plaine et ces nouvelles conditions de travail trop restreintes en activités ne sont pas faites pour lui. C'est en montagne qu'il donne la pleine mesure de ses capacités, et éventuellement dans des régions où l'absence de clôtures exige un chien dynamique.

Les anecdotes relatant l'intelligence du berger des Pyrénées dans son travail traditionnel ne manquent pas. Ecoutons celle de M. Sabouraud (nommé secrétaire-trésorier de la RACP en 1956 et propriétaire de la célèbre affixe «de Fleurac»): «Durant l'hiver et pour l'engraissement des jeunes, nous avions l'habitude de conduire les agneaux dans un box spécial pour y recevoir une ration supplémentaire. Les agneaux comprenaient très vite et la manœuvre était facile. Willy

Parfaitement à l'aise, Ravie du Mont Kerchouan. Prop. M. Trollier

Nay des Espautières lors d'un concours de travail au Merle

y assistait toujours, assise près de la porte; l'on aurait juré qu'elle comptait les agneaux au passage. Un jour, sitôt le défilé-retour terminé, elle partit comme à son habitude visiter le box d'où venaient les petits et affolée revint immédiatement trouver la bergère, essayant de lui faire comprendre qu'il fallait y aller voir. Devant son indifférence, elle tira le bas de son tablier. Je me trouvai là par hasard, et j'accompagnai la bergère qui voulut se rendre compte. Nous trouvâmes dans le box un agneau coincé derrière un râtelier et à bout de souffle à force de se débattre. Willy lécha la tête du petit animal pendant plus de cinq minutes pour le réconforter et l'accompagna pour retrouver sa mère.»

M. Moras, propriétaire de berger des Pyrénées, avait rendu visite à un utilisateur de bergers des Pyrénées dans les Vosges. Il raconte cette histoire dans un bulletin de la RACP: «Il est difficile de raconter le travail effectué par ces chiens, tant cela semble naturel. Lorsque le troupeau pâture tranquillement, Whisky et Tania se reposent près de leur maître, placés de façon à bien observer l'un et l'autre, et toujours prêts à exécuter le premier ordre. Whisky surveille, ne laisse pas les brebis entrer dans les bois, soit sur l'ordre de son maître, soit de sa propre initiative; depuis trois ans qu'il conduit le troupeau, avec même trop de fougue aux dires de M. Amara, il voit les dangers et devine certainement les problèmes qui pourraient se poser.

«Lors de ma visite, il s'était blessé quelques jours auparavant, il fallait le voir se déplacer sur trois pattes pendant ses instants de repos, mais lorsque l'ordre était donné, plus de douleur, plus de blessure, le travail d'abord. On a vraiment l'impression qu'il adore ce qu'il fait, c'est certainement pour cela qu'il le fait si bien.»

Celui-ci n'avait pas connu les joies et les rudesses de la vie pastorale. Cependant, Vignemale de l'Estaubé comme tous ses congénères pyrénéens avait la montagne «dans le sang». Lorsqu'il mourut après douze années d'amour immodéré, sa maîtresse, Mlle Mans, se souvient: «Tous les ans nous allions en haute montagne. C'était un réel bonheur pour mon berger. Quel acrobate! A vous donner le vertige! Bondissant, léger, le pied sûr, sur l'arête étroite ou sur la roche pentue! Et, arrivé au plus haut, il s'immobilisait, face à l'immense paysage, contemplatif pendant de longs instants. Que se passait-il donc dans ta tête à ce moment-là, petit berger? Cela restera pour moi toujours mystérieux. T'identifiais-tu à ce large paysage montagnard où tes ancêtres pendant des générations avaient passé l'été à la garde du troupeau?»

Dans sa très intéressante étude statistique sur les chiens pyrénéens dans leur biotope, Jacques Coly cite un des bergers qu'il avait interviewé lors de son enquête sur le terrain, Jean Ozun, berger à Heches. «Ils voient le travail», lui expliquait-il. C'est tout dire sur le conditionnement auquel cette

Jipsy en pleine action. Prop. M. Chauvet

Volte-face de Jipsy

La neige, un élément qui lui convient

En balade avec Braise, Aymade et Agos. Prop. M. Pécoult

Briska du Col de Gratteloup en parcours d'agility. Prop. M. Grima

race a été soumise, conditionnement naturel, imposé par les rigueurs du travail.
Un autre berger, M. Estournel, déclare de son côté que sa chienne «est aussi intelligente qu'une personne». Enfin Jean-Louis Fondeville déclare à propos de la sienne: «J'y tiens, j'en suis fier.» Sachons apprécier. Il est peu fréquent d'entrer dans la farouche intimité des gens de la terre. Pour un berger, le troupeau, c'est le labeur, les revenus, donc sa survie et celle de sa famille. Le chien de berger c'est une partie de l'outil de travail. Un mauvais outil ne sert à rien. D'ailleurs les bergers, qui ne peuvent se permettre de nourrir des bouches inutiles, ont des procédés qu'on jugerait draconiens vis-à-vis des mauvais outils de travail.
Qui possède ou a possédé un berger des Pyrénées ne manque pas d'éloquence au sujet de cet incroyable atavisme berger. Si puissant qu'un chien des villes, qui n'a jamais travaillé au troupeau, conserve les comportements du chien de travail: méfiance, esprit d'initiative et cette façon particulière d'accompagner son maître en balade: en effectuant des cercles plus ou moins concentriques autour de son maître ou du groupe familial entier à vous en donner le tournis! Ce qui fait dire à Guy Mansencal, président de la RACP, en s'élevant contre ces prétendues *souches beauté* et *souches travail* que certains veulent distinguer dans l'élevage du berger des Pyrénées: «J'entends depuis quelque temps ce refrain, cette ritournelle, qu'est-ce que cela veut dire dans la réalité?
«Il est rare, en effet, de voir des sujets se rapprochant du type idéal dans les bergers dits d'origine travail. Par contre, rien n'empêche un sujet dit d'origine beauté d'être un excellent chien de troupeau, un excellent pisteur, ou un excellent chien d'une autre discipline. Je dirai également que dans cette catégorie de chiens dits d'origine beauté, il y a beaucoup, beaucoup de sujets hors type, et parfois bien laids.
Ces appellations n'ont par ailleurs jamais existé dans les Pyrénées. Tout berger des Pyrénées est supposé travailler, et j'en connais dans toutes les fermes... Un chiot issu de deux chiens travaillant ne sera pas forcément un grand travailleur, alors que se sont révélés au travail des sujets issus de géniteurs ne travaillant plus depuis plusieurs générations. Le travail est atavique chez le berger des Pyrénées, c'est aussi simple que cela...»
Etait-il «bien dans le type» recherché en exposition canine ce petit berger dont Guy Mansencal racontait l'histoire à un journaliste du *Figaro Magazine*? Toujours est-il qu'il possédait bien la trempe pyrénéenne. Jugez-en: «Il y a quelques années de cela, une petite fille de dix ans est allée garder des moutons sur un pré où se trouvaient déjà d'autres troupeaux. Au bout de trois heures toutes les bêtes s'étaient mélangées. Elle ne savait plus comment reconnaître les siennes et les rentrer, et pleurait à chaudes larmes. Son chien la sauva. Le petit

berger connaissait chaque bête et alla chercher tous ses moutons un par un. N'est-ce pas extraordinaire?»

On peut regretter qu'alors que depuis si longtemps les concours sur troupeaux existent (le premier eut lieu en 1896 à Chartres sous l'initiative du Club français du chien de berger), on n'ait pas continué ces concours itinérants qui permettaient d'apprécier sur place la valeur des chiens. En effet jusque dans les années 50 il existait deux sortes de concours: les concours fixes organisés sur un terrain et avec des troupeaux inconnus des chiens de berger, et les concours itinérants qui faisaient se déplacer le jury chez un utilisateur qui opérait sur ses terres et avec son propre troupeau. Mais ces concours itinérants n'étaient sans doute pas assez spectaculaires ni éducatifs pour le public ou d'autres concurrents.

Reste le concours fixe. Pour notre berger des Pyrénées ce n'est peut-être pas la panacée car ce montagnard ne peut donner en plaine la pleine mesure de ses capacités. Néanmoins de nombreux petits bergers s'y sont illustrés. Citons en exemple la championne de France Lily du Boulleaume, appartenant à M. Jolly.

Les concours

Les concours sur troupeaux ont été créés pour encourager les bergers et assurer un minimum d'émulation entre eux afin de les inciter à posséder de beaux et bons chiens de travail. Ils permettent de décerner aux chiens présentés, selon leur qualification un Brevet de travail et, par la suite, un Certificat d'aptitude au championnat de travail (CACT). Ces concours sont organisés à l'initiative des clubs spéciaux de race (la RACP organise chaque année un concours situé dans les Pyrénées, au Cirque d'Anéou), des sociétés canines régionales ou des groupements professionnels d'éleveurs de moutons. Les concours sont ouverts aux chiens de toutes races, âgés d'au moins un an, de préférence inscrits au LOF. Le tracé du parcours que doivent effectuer les chiens doit placer ces derniers et le troupeau dans des conditions normales de travail; il doit assurer une visibilité suffisante pour que les juges puissent noter sans difficulté les évolutions des chiens dans toutes les épreuves; les obstacles doivent être suffisamment éloignés pour permettre une progression normale du troupeau. Le parcours comprend obligatoirement:

— le passage ou l'entrée dans un enclos, ou parc de triage, où sont stationnés les lots de brebis nécessaires aux épreuves. Ces parcs doivent présenter des difficultés identiques pour tous les concurrents;

— un ou plusieurs passages rétrécis, pont, barrières, etc.;

— un passage sur route ou chemin, avec croisement ou dépassement par un véhicule automobile;

— un passage le long d'une culture en défens.

Les distances à parcourir pour le troupeau de manœuvre sont au minimum de 200 m; la distance optimale pour un travail correct des chiens est de 400 m; la plus grande longueur ne doit pas être inférieure à 600 m.
Le jury est composé de la façon suivante:

— un juge qualifié titulaire, agréé par la Société centrale canine, président du jury;
— un éleveur de moutons qui est désigné par l'organisation professionnelle ovine locale la plus représentative;
— un berger.

Bien fière, Lily du Boulleaume

La championne de travail sur troupeau: Lily du Boulleaume. Prop. M. Jolly, prod. M. Mehay
Le troupeau doit rester parfaitement groupé

Les épreuves obligatoires et leurs coefficients sont les suivants:

Sortie et rentrée d'un parc	15 points
Passage difficile	20 points
Conduite et manœuvre du troupeau	30 points
Intelligence de l'exécution	20 points
Arrêt du troupeau	15 points
Total	100 points

Pour attribuer les points le jury tient compte des remarques suivantes.

• *Sortie ou rentrée d'un parc*: le travail du chien est jugé sur sa capacité à «prendre en main» le troupeau et à lui faire réaliser la démarche demandée.

• *Passage difficile*: le parcours peut comporter divers types de difficultés: passage étroit naturel ou artificiel entre des cultures, des haies ou des barrières; passage d'un pont; coulée dans une cuvette; etc.

• *Conduite en manœuvre du troupeau*: elle est jugée sur l'ensemble du parcours et la note finale est obtenue après utilisation du coefficient retenu en fonction du temps de parcours. Gare alors aux fausses manœuvres, aux bousculades, à la dispersion ou à l'étirement de tout le troupeau en une ligne droite! Gare également aux traînards!

• *Arrêt du troupeau*: le chien doit être capable de stopper le troupeau en toutes circonstances. Il y a deux types d'arrêt prévus: un arrêt normal pour une traversée de route et un arrêt de circonstance.

• *Intelligence de l'exécution*: cette rubrique concerne:

— le travail du conducteur et la qualité de ses commandements;

— l'attention du chien, sa compréhension des ordres, son obéissance et son esprit d'initiative.

Pour recevoir son Brevet de travail le chien doit obtenir au moins 50% des points à chaque épreuve avec un minimum total de 75 points. Le CACT ne peut être attribué qu'avec un total de 75 points sur 100 et, dans chaque épreuve, les 3/4 des points.

Comparativement au cheptel total des bergers des Pyrénées le nombre des chiens qui participent à ces épreuves est mince. Ils n'en ont, eux et leurs conducteurs, que plus de mérite car si les expositions canines font partie des activités de loisir, il ne faut pas oublier que ces chiens travaillent tous les jours de la semaine aux troupeaux et vont concourir le dimanche en plus! Or si le travail journalier fait partie de leur quotidien, les épreuves sur troupeaux exigent une autre performance. Les chiens doivent travailler sur un troupeau qu'ils ne connaissent pas et qui peut s'avérer assez difficile à manier. Aussi rendons hommage à tous les bergers des Pyrénées, à leurs conducteurs et à leur chef de file, M. Mehay, qui remit dans les années 70 et 80 le berger des Pyrénées au sommet de la compétition sportive. Citons ceux qui ces dernières années se sont fait brillamment remarquer au Championnat de France de travail:

— Lily du Boulleaume, propriétaire M. Jolly;
— Nay des Espautières, propriétaire M. Chauvet;
— Mak des Transhumants, propriétaire M. Jolly;
— Princesse, dite Pounette, propriétaire M. Maridet;
— Novick du Boulleaume, propriétaire M. Trollier;
— Oba des Transhumants, dite Olive, propriétaire M. Achard;
— Vap, propriétaire M. Serclerat;
— Urus du Boulleaume, propriétaire M. Mehay;
— Junon du Boulleaume, propriétaire M. Mehay;
— Sirius, propriétaire M. Achard;
— Ravie du Mont Kerchouan, propriétaire M. Trollier;
— Urielle de Mont Kerchouan, propriétaire M. Jolly;
— Tosca d'Ar Gov, propriétaire M. Lubineau. Tosca d'Ar Gov, malheureusement disparue en pleine gloire, fut un parfait exemple de la pérennité de l'atavisme du berger des Pyrénées. Tosca en effet était une chienne issue d'une souche beauté et non travail.

Vive du Clos des Gervalines (prop. M. Médina), une championne très maligne

Les autres compétences du berger des Pyrénées

Le berger des Pyrénées est avant tout un chien de berger. Néanmoins il remplit toutes les conditions pour pouvoir être utilisé dans des disciplines palliatives comme le pistage, la recherche en décombres, l'identification, et dans cette autre discipline moins utilitaire, l'agility.
Le berger des Pyrénées fut, au cours de la Première Guerre mondiale, très utilisé comme chien de liaison. Sa roublardise, sa vivacité ancestrale furent alors exploitées outre mesure. De nombreux chiens périrent au service des conflits de l'humanité. Il fut un temps où l'on avait le goût de chanter de telles «louanges». Aujourd'hui on peut regretter qu'une bonne partie du cheptel pyrénéen ait disparu pour une cause qui ne concernait pas ce modeste auxiliaire du berger. Heureusement, autres temps, autres mœurs et c'est pour le bien de l'homme que l'on peut apprécier désormais les qualités du berger des Pyrénées.

La recherche en décombres

La Suisse est le premier pays à avoir su utiliser le berger des Pyrénées dans un domaine utilitaire autre que la garde et la conduite du troupeau. Madame Faucillon Vaucher fut à ce titre une pionnière en entraînant ses bergers des Pyrénées — principalement de la variété face-rase — dans la recherche lors des catastrophes. Elle participa aux équipes de recherche lors du terrible tremblement de terre qui anéantit El Asnam en Algérie en 1980. Sa chienne, la championne Vanesse du Hic, dite Valmasque, permit de sauver cinq vies humaines.
Dans un bulletin de la RACP, Madame Faucillon Vaucher raconte: «Pour qui n'a jamais vu, sur le terrain, de telles catastrophes, il est difficile de se faire une image. La télévision ne rend ni les véritables proportions, ni la nature des matériaux, ni la poussière, ni les odeurs. Elle n'a certainement pas rendu en l'occurrence le courage, le calme et le travail acharné des Algériens. Pour nous, venus de Suisse, ce fut une expérience dure, mais belle aussi. Belle, parce que nous avons réellement pu aider — sauver des gens, retrouver des corps, rassurer des familles — et aussi parce que nous

Une championne du travail en décombres: Vanesse du Hic, dite Valmasque, chienne de Mme Faucillon Vaucher

A la page suivante, en piste avec Drac de L'Oustaou de Padel, prop. M Uhrig

avons constaté que nos chiens connaissaient parfaitement leur tâche et et qu'on pouvait s'y fier.
«Trois jours de recherches, des heures durant, au milieu des équipes de déblaiement, dans le vacarme des excavatrices qui ne s'arrêtaient que peu de temps en fin de nuit. Une atmosphère de guerre, à la différence que l'ennemi venait du sol — ennemi qui d'ailleurs ne désarmait pas et nous secouait plusieurs fois par jour —. Pas le temps d'approfondir les choses, il faut chercher ici, le chien a désigné, la troupe de protection civile est informée, le dégagement prendra au moins deux heures, il faut chercher là-bas...
Personnellement j'ai vécu des moments inoubliables, lorsque j'ai rencontré à l'hôpital de secours un pe-

tit Farid de trois ans, bien vivant, boucles châtain et yeux bleus, que Valmasque avait trouvé le matin et qu'une équipe de sapeurs-pompiers parisiens avait dégagé à grand-peine après cinq heures d'effort.
«Valmasque a fait preuve d'une endurance et d'une ardeur à la recherche qui n'ont jamais fléchi au cours de ces trois journées. Entre elle et moi, ce fut une collaboration intense, sans hésitation ni fausse note. Nous avons pénétré dans des endroits périlleux, rampé dans des tunnels ou des tranchées, été transportées dans la pelle d'une grue au sommet d'un immeuble ou descendu des échelles. Valmasque semblait trouver tout cela bien naturel! Sa petite taille s'est avérée un avantage... Elle pouvait passer partout...»

Le champion de France de travail, Ubac de l'Oustaou de Padel. Prop. M. Domage

Eh oui, sa taille réduite qui lui permet de se faufiler partout est un atout pour le berger des Pyrénées. Tout comme son flair subtil et sa grande endurance.

En France on mit un certain temps à s'en apercevoir mais Madame Faucillon Vaucher fit des émules et quelques chiens marchent aujourd'hui sur les traces de Valmasque. Viva des Transhumants, appartenant à Madame Beraud, a obtenu récemment son brevet de recherche en décombres. Au Centre national de formation des chiens de catastrophe, un militaire, M. Rostolan dresse un berger des Pyrénées. Quant à M. Uhrig, c'est à la recherche humanitaire qu'il entraîne son berger des Pyrénées.

Le pistage

Il est une autre discipline qui séduit les propriétaires «sportifs» de bergers des Pyrénées. C'est le pistage. Toutes les qualités de ce chien énoncées ci-dessus lui permettent de rivaliser avec les habituels bergers allemands, bergers belges et autres. Si bien qu'un petit berger des Pyrénées, Ubac de l'Oustaou de Padel appartenant à M. Domage, a reçu deux années consécutives, en 1987 et en 1988, le titre de Champion de France de pistage. Parmi les pisteurs pyrénéens, citons encore Arnak, propriétaire Mme Chiosi, Artagnan de la Bourguine, propriétaire M. Oudin, Pan du Boulleaume, propriétaire M. Lalloz...

L'agility

Toutes les disciplines citées ci-dessus exigent du chien et du conducteur un entraînement assidu. Il existe aujourd'hui une autre discipline «de loisir» pour le berger des Pyrénées: l'agility. L'agility permet, comme les autres disciplines de travail, d'obtenir un Brevet de travail et de participer au Championnat de France.

Importée récemment en France et reconnue officiellement en 1988 par la Société centrale canine, l'agility s'apparente au jumping équestre. Il s'agit d'un parcours d'obstacles qui met en évidence et développe les aptitudes et qualités naturelles du chien (courir, sauter, se faufiler, ramper, se coucher...). Ce nouveau sport, ouvert à tous les chiens, à la fois spectaculaire et technique, conquiert une large audience. Son succès fulgurant témoigne de l'engouement du public. Véritable méthode éducative qui exclut toute agressivité chez l'animal et exige du maître compréhension et respect, l'agility est un signe de forme physique, de santé, d'équilibre et de joie de vivre du chien.

Le terme même «agility» évoque le berger des Pyrénées. De l'agilité il en a à revendre. Aussi est-il parfaitement adapté à ce genre d'exercice aujourd'hui très codifié. Autant la pratique des disciplines précédentes ne peut être

Briska du Col de Gratteloup lors d'un parcours d'agility. prop. M. Grima

satisfaisante pour le chien et pour le maître qu'en poussant la compétition à un haut niveau, autant l'agility s'avère, à moins qu'on ne brigue un championnat, être une activité sportive de détente qui permet en outre de satisfaire le besoin d'activités du berger des Pyrénées. Enfin l'agility exige une forte complicité entre le maître et son chien. Cela suppose donc que le chien soit également parfaitement discipliné et cela ne peut faire que du bien à l'un et l'autre partenaires!
Quelles conclusions tirer des lignes qui précèdent? Sinon qu'il apparaît d'une grande évidence que tout propriétaire de berger des Pyrénées doit prendre conscience qu'il possède un chien au caractère bien trempé, un travailleur né. Quelle que soit la destination du chien, compagnie ou travail, il importe d'avoir toujours à l'esprit que le berger des Pyrénées, du fait de son ancestrale fonction, ne perdra jamais ce potentiel d'énergie qui lui est inné. Tout le monde ne peut offrir un troupeau de moutons à son chien, tout le monde n'a peut-être pas la possibilité de pratiquer des activités sportives telles que celles que nous avons évoquées. En revanche tous les bergers des Pyrénées qui naissent aujourd'hui sont aptes, eux, à les pratiquer, qu'ils vivent avenue Mozart à Paris ou au fin fond de la Corrèze. Alors sachons, chacun avec nos propres dispositions, en faire de bons chiens, bien dans leur peau et agréables à vivre.

Le saut prodigieux de Bellote

Le standard

Standard officiel

Apparence générale

Chien dénotant sous un minimum de taille et de poids un maximum d'influx nerveux. Une physionomie toujours en éveil, un air malin et méfiant, joints à une grande vivacité de mouvements, donnent à ce chien une allure caractéristique à nulle autre pareille.
Défauts: chien lourd, sans vivacité; musculature épaisse; expression commune; mauvaises allures; trot court ou piqué.

Taille

Mâles: de 0,40 m à 0,48 m. Femelles: de 0,38 m à 0,46 m. Une tolérance de 2 cm en plus est admise chez des sujets parfaitement typés.
Eliminatoire: taille en dehors des limites.

Tête

Le crâne moyennement développé, presque plat avec un sillon central, légèrement accusé, s'arrondit harmonieusement sur les côtés et porte une saillie occipitale peu prononcée. La

La truffe et les lèvres sont parfaitement noires. Isba, prop. M. Mansencal

Rouye, prop. M. Mansencal. Parfaite implantation du poil en «coup de vent»

Pastoureau, prop. M. Pécoult

partie antérieure se relie en pente douce au museau et la cassure du nez n'est pas apparente. La tête dans sa forme générale est triangulaire et rappelle celle de l'ours brun.
Défauts: crâne ogival; front bombé; tête trop courte, trop longue ou trop étroite; cassure du nez marquée; poil trop abondant surtout s'il recouvre les yeux.

Museau

Droit, plutôt un peu court, laissant subsister la prédominance du crâne sur la face, mince sans exagération et affectant la forme d'un coin. Les babines peu épaisses recouvrent parfaitement la mâchoire inférieure et ne présentent aucune commissure apparente. Les muqueuses des lèvres et du palais sont noires ou fortement marquées de noir. La truffe est noire. Le poil du museau doit correspondre à la description du poil (voir p. 70).
Défauts: museau carré ou rectangulaire; museau trop long ou trop court; manque de pigmentation; poil trop abondant, cachant les yeux.

Yeux

Des paupières bordées de noir, quelle que soit la couleur de la robe, enchâssent des yeux expressifs, bien ouverts et de couleur brun foncé. Ils ne doivent être ni proéminents ni trop en-

Le regard expressif du champion Sarrat de l'Estaubé

foncés. Les yeux vairons ou à tache vairon sont admis chez les chiens à robe arlequin ou gris ardoisé dont ils sont presque toujours une caractéristique.
Défauts: yeux trop petits, trop ronds, clairs ou d'expression hagarde. Paupières dépigmentées.
Eliminatoire: œil vairon chez les chiens autres qu'arlequins ou gris ardoisé, ladre aux paupières.

Dents

Les crochets sont forts, la denture doit être complète. Les dents de la mâchoire supérieure recouvrent celles de la mâchoire inférieure en restant en contact avec elles. La denture en «tenaille» est admise.
Eliminatoire: prognathisme inférieur ou bien supérieur (voir les figures cidessous).

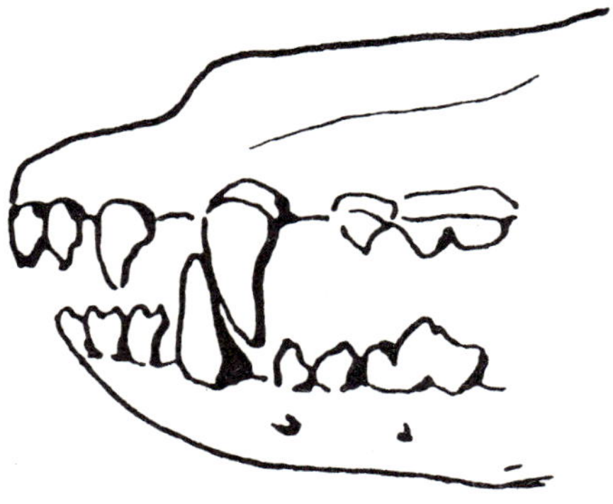

Prognathisme supérieur

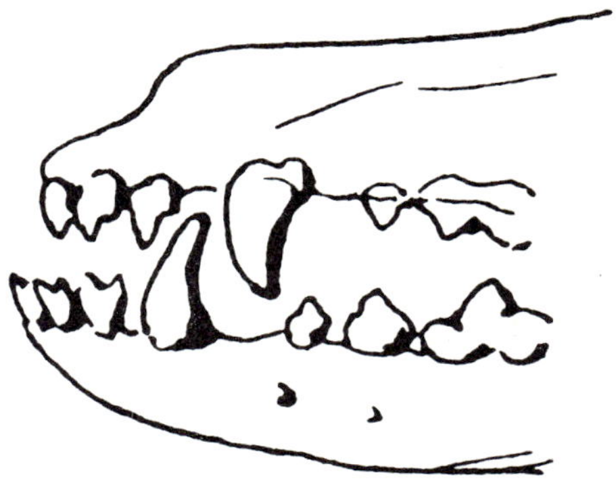

Prognathisme inférieur

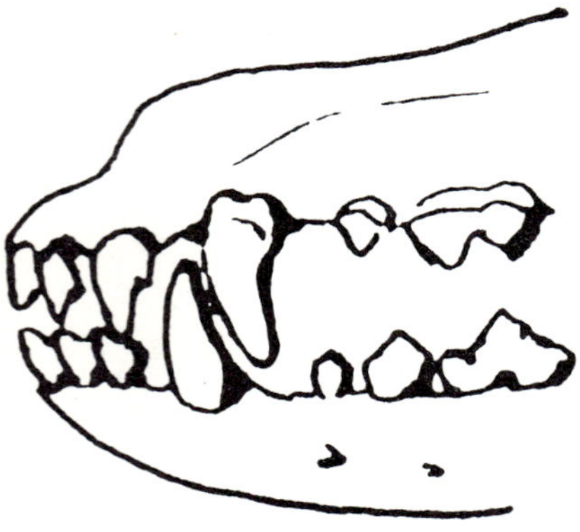

Denture en tenaille admise

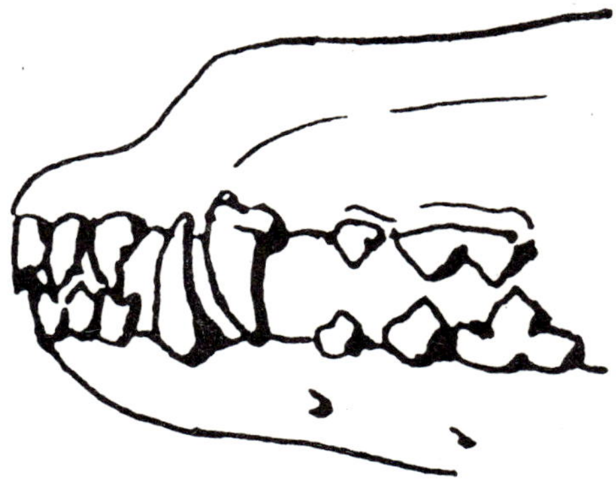

Bonne denture

COMMENT DETERMINER L'AGE DU CHIOT EN EXAMINANT SES DENTS DE LAIT

Dents	*Eruption*	*Remplacement*
Pinces	30 jours	4 mois
Mitoyennes	28 jours	4 mois 1/2
Coins	25 jours	5 mois
Canines	21 jours	5 mois
Première prémolaire	4 mois	persistante
Deuxième prémolaire	4-5 semaines	6 mois
Troisième prémolaire	3-4 semaines	6 mois
Quatrième prémolaire	3-4 semaines	5-6 mois
Première arrière-molaire	4 mois	—
Deuxième arrière-molaire — supérieure — inférieure	 5-6 mois 4 1/2 mois	—
Troisième arrière-molaire	6-7 mois	—

Oreilles (nouveau libellé adopté sous réserve d'approbation de la FCI)

Les oreilles doivent être assez courtes, modérément larges à la base et placées pas trop près l'une de l'autre au sommet du crâne, ni trop écartées de chaque côté de la tête. Elles sont généralement écourtées mais celles non écourtées, si elles sont bien placées, ne sont pas considérées comme un défaut. A qualités égales par ailleurs, on préférera l'oreille coupée et bien portée. La partie inférieure de l'oreille naturelle doit être dressée et mobile. Idéalement, le tiers supérieur ou la moitié de l'oreille doivent retomber vers l'avant ou le côté de façon symétrique pour les deux oreilles.

Défauts: oreilles trop basses, mal portées, épaisses, trop lourdes, tombant à plat sur les côtés de la tête, oreilles portées de façon asymétrique. Les oreilles droites naturellement constituent un défaut grave (voir figure ci-dessous et celle de la page suivante).

LA COUPE DES OREILLES

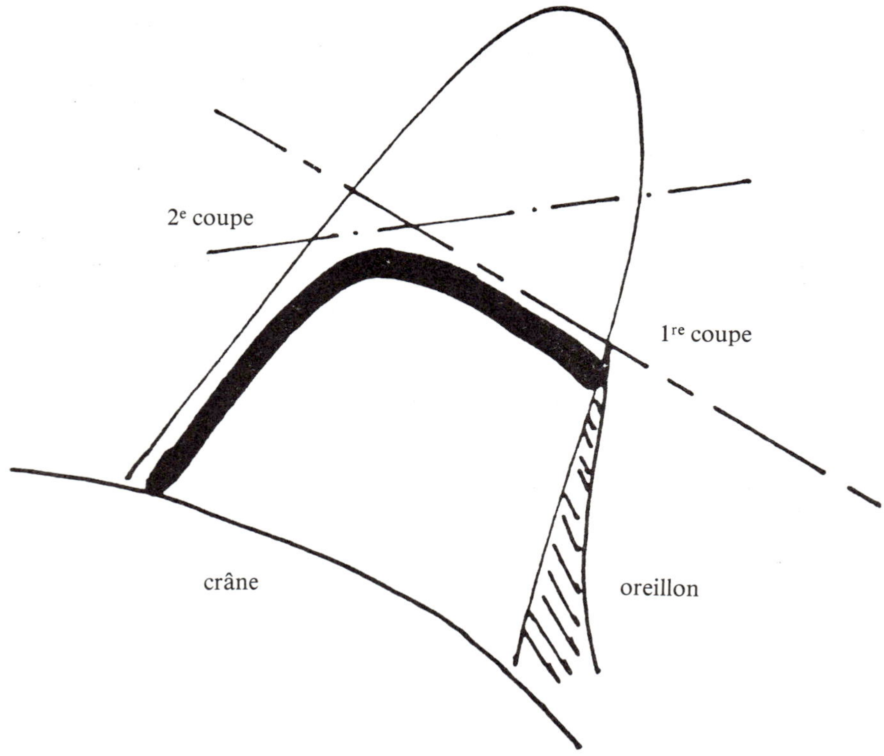

LE PORT DES OREILLES

Bons ports d'oreilles naturelles: oreilles petites, bien implantées 2/3 érigées, 1/3 retombant

Mauvais port: oreilles trop longues et lourdes

Cou

Plutôt long, assez musclé, bien dégagé des épaules.
Défauts: mauvaise sortie d'encolure, cou épais ou faible dans les épaules ou trop long.

Epaules

Assez longues, moyennement obliques; la pointe de l'omoplate dépassant nettement la ligne du dos.
Défauts: épaule trop droite ou trop courte.

Corps

L'ossature est sèche. Le dos assez long quoique soutenu; le rein court et légèrement arqué. Il le paraît d'autant plus que la toison du chien est souvent plus fournie sur l'arrière-main et la croupe. La croupe est plutôt courte et assez oblique, le flanc peu descendu, les côtes légèrement arrondies. La poitrine, moyennement développée, descend au niveau du coude, rarement plus bas.
Défauts: ensemble lourd. Chien carré. Ligne de dessus horizontale, dos de carpe.

Queue

Bien frangée, pas très longue, attachée plutôt bas et formant crochet à son extrémité. Quand le chien est en éveil, le fouet ne doit pas dépasser la ligne du dos. Beaucoup de sujets sont écourtés. Certains ont une queue rudimentaire, n'ayant jamais été écourtée.
Défauts: queue mal portée ou sans crochet à son extrémité (voir figures ci-contre).

Membres antérieurs

Secs, nerveux, frangés de poils avec l'articulation des poignets accusée.
Défauts: double ergot. Défauts d'aplombs.

Membres postérieurs

La cuisse est gigotée, mais peu descendue. Les jarrets sont secs, placés bas, bien coudés et parfois un peu clos, principalement chez les sujets nés et élevés en montagne. Les angulations sont assez fermées. Les chiens à poil demi-long ont les membres dépourvus de franges.
Les membres postérieurs peuvent ou non porter des ergots simples ou doubles. L'ergot étant une caractéristique ancienne des races bergères, les sujets ergotés doivent être préférés.
Défauts: jarrets droits, manque de souplesse dans les articulations.

Pieds

Secs, assez plats, d'un ovale accentué. La sole est foncée, les ongles petits et durs sont recouverts par le poil qui

BONS PORTS DE QUEUE

Au repos

A l'action

MAUVAIS PORTS DE QUEUE

Queue sans crochet

Queue enroulée à l'action

s'insère sous le pied, entre les tubercules.
Défauts: pieds épais; pieds de chat; ongles longs, blancs.

Peau

Fine, souvent marbrée de taches foncées et cela quelle que soit la couleur de la robe.

Poil

Le poil long ou demi-long, mais toujours bien fourni, est presque plat ou légèrement ondulé, plus fourni et plus laineux sur la croupe et les cuisses, sa texture tenant le milieu entre le poil de chèvre et la laine de brebis. Le museau porte un poil qui doit être presque court aux moustaches et à la barbe et sur les côtés ainsi que sur les joues, le poil est rebroussé «en coup de vent» d'avant en arrière.
Les yeux doivent être apparents et non recouverts par le poil.
Défauts: poil trop abondant en tête, surtout quand il recouvre les yeux, et au museau quand il prend l'aspect de moustaches de griffon. Mauvaise texture. Bouclé et frisottant.

Trois beaux sujets de l'Estaubé: Réglisse, Sarrat et Tarquin le Superbe

Béarn de l'Estaubé, prop. M. Ronchail

Ci-dessous, Vive de l'Estaubé, robe claire

Best Obé de la Tomière, noir à poil long. Prod. Mlle Brault, prop. M. Mansencal

Ci-dessous, Vidocq du Grand Bounet, fauve. Prop. M. Guérinaud

Robe

Fauve plus ou moins foncé avec ou sans mélange de poils noirs et parfois un peu de blanc au poitrail et aux pattes; gris plus ou moins clair, avec souvent du blanc en tête, au poitrail et aux pattes; arlequin de diverses tonalités.
Les robes noires et noires marquées de blanc sont peu répandues. Les robes de couleur franche sont préférées.
Défauts: taches blanches trop nombreuses et trop grandes. Robe noire avec feu en tête et aux membres (bas rouges).
Eliminatoire: robe blanche.

Allures

Au pas le berger des Pyrénées a, de par sa conformation, une allure assez réduite; marcher l'amble n'est pas pénalisable, mais c'est une allure employée surtout par des chiens au travail dans le but d'allonger le pas pour suivre la cadence des moutons, ou employée en fin de journée, alors que la fatigue se fait sentir, et qui n'a aucune raison d'être dans un ring d'exposition. Le trot, allure préférée de notre petit berger, doit être franc, vigoureux; au petit trot la tête est portée un peu haute; au trot allongé la tête est dans la ligne du dos; les pieds ne sont jamais très enlevés, l'allure est coulante, il rase le tapis.
L'allure correcte et agréable à l'œil est donnée par l'harmonie des angulations épaule/arrière-main.

ECHELLE DES POINTS

Crâne et museau (lèvres, truffe)	15
Yeux	10
Oreilles	5
Cou, dos, rein, fouet	15
Epaules, poitrine, côtes	10
Membres et pieds	15
Poil, couleur, pigmentation	10
Apparence générale	20
Total	100

Standard du berger des Pyrénées à face-rase

Ce chien, moins nerveux et plus malléable que le berger à poil long, moins méfiant envers les étrangers, montre cependant beaucoup de gaîté et d'allant.
Dans l'ensemble, il possède les mêmes caractéristiques que le berger pyrénéen à poil long. Il en diffère par un museau un peu plus long. Sa tête est garnie de poils courts et fins (d'où l'appellation «face-rase»), le poil sur le corps est demi-long ou moins que demi-long, atteignant sa plus grande longueur de 6 à 7 cm sur le cou et au garrot, et 4 à 5 cm sur la ligne médiane du dos. Les pattes sont rases avec légère frange de poils aux antérieurs et culotte aux postérieurs. La queue peut être longue avec crochet à son extrémité ou écourtée. Beaucoup de sujets ont la queue courte de naissance. Le pied est à la fois plus serré et plus cambré que celui du berger à poil long.

Toutes proportions gardées, le corps est un peu plus court que celui du berger pyrénéen à poil long.
Les robes admises sont les robes noire, arlequin, bringée, fauve de diverses tonalités avec ou sans mélange de poils noirs et parfois quelques marques blanches. Les robes grises sont peu répandues.
La taille du berger à face rase varie de 0,40 m à 0,54 m pour les mâles et de 0,40 m à 0,52 m pour les femelles. Les défauts et les éliminatoires sont les mêmes que ceux indiqués pour la variété à poil long.

Remarque sur les défauts

Telle est la description du berger des Pyrénées que l'on pourrait considérer comme «parfait». Or la perfection n'est pas plus du domaine canin que de celui de l'humain! Certains s'en approchent cependant davantage que d'autres et c'est le but de la sélection de produire des sujets se rapprochant le plus du standard édicté. Pour éviter que des défauts flagrants envahissent les éléments d'une race, les clubs de race et en l'occurence la Réunion des amateurs de chiens pyrénéens refusent

A la page précédente, face-rase de l'élevage de Mme Assibat. Remarquez le poil absolument ras en tête, ainsi que sur la face antérieure des pattes

Mab du Boulleaume, excellent sujet face-rase

d'attribuer à ceux qui les détiennent l'autorisation de reproduire. Cette autorisation délivrée officiellement par l'épreuve de la confirmation sera donc refusée aux bergers des Pyrénées présentant les défauts ci-après[1].

Type général:
— manque de type, de la tête en particulier, celle-ci ne devant rappeler en aucun cas le briard ni le berger de Vallée;
— taille sortant des limites prévues par le standard, avec une exceptionnelle tolérance de + 2 cm pour les sujets parfaits par ailleurs.

[1] Ces textes ont été élaborés par le comité de la RACP, revus par la commission zootechnique de la SCC et le président de la RACP, M. Mansencal, le 28 février 1989, entérinés par le comité de la SCC le 22 mars 1989. Ils sont applicables depuis le 22 mars 1989.

Robe:
— robe sable pâle donnant l'apparence du blanc, panachure dépassant 1/3 de blanc;
— yeux de couleur jaune très clair, yeux vairon chez sujets autres que bigarrés (arlequins);
— truffe et paupière non parfaitement noires;
— poil frisé.

Anomalies:
— absence de dents. Chez sujets très typés tolérance de 2 dents en moins, autres que les PM1;
— prognathisme inférieur ou supérieur;
— monorchidie, cryptorchidie;

— démarche anormale, spécialement au niveau du train postérieur.

Caractère:
— agressivité envers l'homme.

Commentaires

Il nous a semblé utile d'adjoindre à l'énoncé de ce standard les commentaires qu'en avait donné en 1927 le «père» du berger des Pyrénées, Monsieur Sénac-Lagrange. Ils sont à la fois le souvenir de l'authenticité et, à condition d'y rester fidèle, l'avenir de cette race si précieuse.
«Il est noté que la tête du berger pyrénéen dans sa forme générale rappelle celle de l'ours brun. (C'est là un point sur lequel il est bon d'insister car le crâne est la pierre de touche, c'est en quelque sorte la signature de la race). Cette boîte crânienne à peu près plate et moyennement développée, nous ne la retrouvons chez aucune autre race bergère. Elle est bien spéciale au berger pyrénéen.
«S'il est vrai que ce chien a par son crâne et son museau une certaine ressemblance avec l'ours brun, il serait puéril, comme certains ont tendance à le faire, de vouloir trouver partout des points de comparaison entre son anatomie et celle des ursidés. Si nos bergers avaient les lignes de dessus d'un ours, ils auraient ce qu'en argot cynologique on nomme le dos de carpe, construction défectueuse chez tout canidé à quelque race qu'il appartienne. Pas davantage ne peuvent-ils avoir le jarret exagérément coudé et la démarche de l'ursidé. Il est superflu d'insister sur une pareille ineptie qui tend à imposer à un digitigrade la démarche d'un plantigrade!
«Et ceci nous amène à dire un mot des allures. Peut-être le standard aurait-il dû s'appesantir sur ce point et en signaler l'importance. Certains chiens ont une allure "piquée", sautillante, désagréable à l'œil, résultat habituel d'une anatomie imparfaite et spécialement d'un manque d'obliquité des rayons postérieurs. Cette allure, dont il y a lieu de tenir compte au péjoratif quelles que soient par ailleurs les qualités du chien, est l'antithèse de l'allure coulante du chien de travail, du chien qui trotte de l'épaule.
«Quelques chiens adoptent par intermittence une allure ambleuse. Nous n'ignorons pas les polémiques qu'a soulevées récemment la question de l'amble chez le chien de berger. On a voulu y voir le résultat d'une dissymétrie entre l'avant-main et l'arrière-main. Nous ne le pensons pas. L'observation nous ayant prouvé qu'une telle allure provient de l'adaptation. Les troupeaux de moutons déambulent en général d'un train tel qu'un chien de taille un peu élevée les dépasse au trot mais ne peut les suivre au pas. Il a donc tendance à prendre, surtout sur la route, cette allure ambleuse, cette allure mixte, plus vive que le pas, moins rapide que le trot, qui lui permet de se maintenir à hauteur du troupeau. De par leurs foulées rédui-

tes, les petits chiens n'en ont nul besoin pour se maintenir au trot à l'allure du troupeau...
«Le standard recommande de préférer les chiens à pigmentation accentuée... C'est là une mesure nécessaire d'ordre biologique sur laquelle il est superflu d'insister. A ce propos il est bon de noter que les chiens de robe fauve ont presque une pigmentation des muqueuses plus accentuée que les gris et les noirs. Ce qui tendrait à contredire l'opinion généralement accréditée que la pigmentation des muqueuses est le corollaire de la nuance de la robe, auquel cas les yeux vairons, apanage presque exclusif des chiens gris ou arlequin, devraient se trouver chez les chiens à robe claire... Il semble qu'il ne faut voir là autre chose qu'un phénomène de pigmentation désordonnée.
«Dans leur jeune âge nos chiots bergers ont l'oreille tombante, et livrée à elle-même, l'oreille chez le chien adulte ne se relève jamais. La pratique de l'écourtage est assez répandue en montagne. Les bergers la pratiquent généralement au couteau avec une adresse que leur envieraient beaucoup de praticiens vétérinaires. Ils prennent soin de ne pas entamer le talon de l'o-

Nettou, poil mi-long, prop. Mme Assibat

reille dont la base reste intacte. Le haut seul de l'oreille est sectionné à angle aigu sur l'horizontale. Ecourtage peut-être plus ou moins classique mais qui donne à la physionomie du chien une expression plaisante, et ne dégarnit pas la conque de l'oreille de façon laide.

«L'oreille droite naturelle existe chez de rares sujets. Elle est toujours un signe de croisement... Ici encore le berger allemand a fait des siennes au plus grand dam, d'ailleurs, des qualités de race, car rares, très rares, sont les chiens qui étant pourvus de ce sang veulent travailler au troupeau.

«La question du poil a également son importance, mais celui-ci étant soumis à mille causes externes capables d'en altérer la longueur, le standard admet généralement le poil long, ou demi-long. Les chiens pourvus de l'un ou l'autre poil sont, du reste, identiques quant à leur anatomie et leurs caractères généraux. Les sujets à poil demi-long ont les membres postérieurs dépourvus de franges tout en gardant une culotte très fournie. Le poil du museau et de la face est ras.

«Le changement de vie et de milieu est souvent cause de modifications mar-

Magnifique sujet à poil mi-long, Virgule, prop. M. Badel

quées dans la toison, non seulement au point de vue de son abondance, mais de sa qualité. Elle devient plus terne, plus sèche et perd cette qualité bien spéciale due à la fraîcheur de la montagne.

«Faut-il dire que si le berger des Pyrénées a besoin d'une croupe courte et un peu oblique, donc solide, c'est pour étayer fortement un dos assez long, donc souple, qui se prête facilement aux multiples mouvements de l'action en montagne?

«Le développement de la poitrine, en général satisfaisant dans sa largeur, fait un peu défaut en hauteur. Certains objecteront qu'il y a incompatibilité entre le manque de coffre et l'activité endiablée dont font preuve nos bergers pyrénéens... Nous répondrons que le spiromètre a prouvé que les plus grandes capacités respiratoires n'étaient pas le propre des êtres à périmètre thoracique impressionnant mais plutôt de ceux à thorax long. Et puis les faits sont là qui démontrent que si nos bergers travaillent avec une ardeur inlassable ils le doivent à leur influx nerveux, à leur admirable vitalité, à leur trempe, pour employer un terme d'argot hippique cher à nos éleveurs du Sud-Ouest.

«Relativement à la taille, le standard indique les limites de 38 à 50 cm. Quoique nous ayons vu des chiennes toisant 36 cm se comporter parfaitement au troupeau, il semble qu'on ait agi sagement en limitant à 38 cm la taille minimum. Tous les lauréats d'expositions officielles de 1920 à 1927, soigneusement mensurés par nous, étaient, du reste, dans les limites de taille indiquées par le standard. La taille maximum, réalisée une seule fois, a été de 49 cm.

«Il n'y avait donc nullement lieu, comme le mentionnait le standard primitif et assez imprécis du berger pyrénéen, de fixer à 55 cm le maximum de taille de ce chien. L'observation prouve d'ailleurs que les chiens de petite taille sont généralement les plus typés sans doute parce que d'une ascendance indemne de tout croisement avec des chiens plus grands qui existent dans la région infra-pyrénéenne.

«La question des ergots a fait ailleurs et pour d'autres races d'utilité couler beaucoup d'encre. Elle semble ici avoir été résolue au mieux. Il est difficile de soutenir que la présence de doigts supplémentaires soit aujourd'hui de quelque utilité. Les partisans de l'ergot, que d'autres nomment éperon, veulent que parfois le chien l'utilise comme frein sur les déclivités marquées.

«A vrai dire nous n'avons jamais remarqué que l'ergot freine, même dans les terrains les plus meubles. C'est seulement sur la neige qu'il nous a été donné de remarquer la traînée faite par l'ergot, *lorsqu'il existe à l'état de phalange osseuse* et n'est pas réduit à l'état d'organe atrophié ne tenant à la jambe que par un morceau d'épiderme... Toutefois le standard considère très justement, et nous ne pouvons que l'approuver, que l'ergot étant une caractéristique des races bergères, les

sujets ergotés doivent être préférés. «Le fouet peut être long, court naturellement ou écourté. Signalons sans commentaire une pratique barbare parfois utilisée: des bergers, après avoir sectionné en partie avec l'ongle le fouet des chiots, l'arrachent par torsion! (...)
«L'étude du standard seul sans une longue et constante expérience de la race n'est rien. Quelle que soit l'exactitude d'une description, elle n'aura que peu ou point d'effet pour mettre en valeur ces impondérables dont la résultante est la notion d'aspect hors de laquelle tout jugement est vain. Et ici interviennent avant tout les qualités morales, la psychologie de la race, chargées de la maintenir à la place qu'elle doit occuper.»

Visker de l'Estaubé

Le berger des Pyrénées en questions

Et le labrit?

C'est indéniable. Le berger des Pyrénées souffre d'un vrai problème de terminologie. La plupart du temps on entend le nom «labrit» à son sujet. Certains vous affirmeront d'ailleurs avec une sévère conviction que leur chien n'est pas un berger des Pyrénées (qu'ils confondent avec le grand Pyrénéen, le montagne des Pyrénées) mais un labrit et même un «labrit des Pyrénées»! Déjà en 1922, un éminent cynophile, Dhers, avait dû remettre les choses au point dans le journal *L'Eleveur*: «Certains, écrivait-il, désignent le berger des Pyrénées sous le nom de labrit ou le confondent avec celui-ci. C'est encore une erreur, mais une erreur qui s'explique. Labrit est le nom d'un chef-lieu de canton des Landes (près de Mont-de-Marsan) et il y a dans cette région infra-pyrénéenne un chien qui ressemble assez à notre véritable berger des Pyrénées, dont il descend vraisemblablement, mais il a plus de taille que celui-ci. Ce n'est pas un chien de la montagne, mais un chien de plaine, un chien qui "a été grandi par la plaine".»

Monsieur Sénac-Lagrange, qui fut le premier président de la Réunion des amateurs de chiens pyrénéens, estimait pour sa part que le labrit, connu dans les Landes, était véritablement issu du berger des Pyrénées. «Il existe, expliquait-il, dans la région sous-pyrénéenne et particulièrement dans le Béarn, la Bigorre et le bassin de l'Adour, un grand nombre de chiens de berger. Leur proximité d'habitat, la transhumance de certains troupeaux qu'accompagnent les chiens font qu'il y a eu certainement des unions entre eux et leurs frères montagnards. Il en est résulté un chien plus haut sur jambes, toisant en moyenne 0,55 m, en général à poil demi-long sur le corps, presque ras sur la tête et aux membres, dont la boîte crânienne un peu plus développée rappelle cependant par sa forme celle du pur montagnard. Ces chiens sont d'ailleurs très appréciés des maquignons et toucheurs de bestiaux qui courent les foires de la région.»

De son côté le Dr Luquet, vétérinaire et juge éminent, consacre quelques lignes au labrit dans son ouvrage *les Chiens de berger français*: «La localité de Labrit, près de Mont-de-Marsan, dans les Landes, est le centre d'origine d'un chien de berger assez peu sélectionné et de type pas très fixé notamment dans la taille, au poil hirsute de chèvre, presque toujours emmêlé en grosses pelotes par la boue et les saletés, aux oreilles droites, ou semi-tombantes, à la queue basse se terminant en crochet et toujours ergoté. Les couleurs dominantes sont le fauve, le gris foncé, le noir; il y a aussi des robes tachetées.»

Dans les années 20 deux éminents cynologues, le Dr Chene, vétérinaire, et Léon Roullet, juge, avaient même ébauché un standard de la race labrit. Une vingtaine de labrits exposés à Dax étaient à l'origine de cet engouement qui n'eut malheureusement aucune suite, faute d'éleveurs. Ce standard, que nous reproduisons ci-après, fait apparaître des différences notoires entre le berger des Pyrénées et le labrit.
Le berger toise au maximum pour un mâle 0,48 m, le labrit atteint 0,55 m.
Le berger a le corps inscrit dans un rectangle, le labrit est cob (construit en carré).
Le poil est long chez le berger. Il ne dépasse guère 2 ou 3 cm chez le labrit.
Enfin la tête du berger des Pyrénées est en forme de coin. Le labrit a un chanfrein relativement long.

Standard du labrit (non reconnu par la SCC)

Apparence générale
Chien possédant le maximum d'influx nerveux, auxiliaire fidèle et sûr des bergers, gardien vigilant du troupeau.

Taille
Mâles: 50-55 cm; femelles 47-52 cm. Bâti en cob.

Tête
Crâne moyennement développé, presque plat avec un léger sillon central, saillie occipitale à peine visible, peu de stop, museau droit, un peu plus court que la région frontale; yeux bien apparents, plutôt ovales; paupières, truffe, lèvres noires. Ces dernières recouvrent la mâchoire inférieure; commissure un peu apparente, forte dentition; oreilles coupées, frangées, celles non amputées acceptées, les premières portées dressées.

Cou
Musclé.

Epaule
Moyennement oblique, pointes de l'omoplate ressorties.

Corps
Ossature sèche, dos soutenu, rein un peu arqué, croupe courte, côtes arrondies, poitrine arrivant aux coudes.

Membres
Secs, postérieurs gigotés, quelquefois un peu clos (chiens de coteaux), ergo-

tés doubles (les ergots simples passent après). Pieds secs, pas trop plats, un peu ovales, soles et ongles foncés, bien recouverts de poils.

Queue
Ecourtée de préférence, mais frangée.

Peau
Souvent marbrée. Poil 2,5 cm à 3,5 cm sauf sur le devant du cou et au bord postérieur des pattes où il forme culotte. Nature plutôt de chèvre.

Robe
Fauve, plus ou moins foncée avec ou sans mélange de quelques poils noirs, quelquefois un peu de blanc au poitrail.

Poids
Mâles: 20 à 25 kg; femelles: 15 à 20 kg.

On dit que le berger des Pyrénées est un mini-Briard?

Et pourquoi pas un Yorkshire géant? Non, soyons sérieux. J. Dhers estimait pour sa part que le berger des Pyrénées est une des plus anciennes races de berger françaises. Le Briard quant à lui n'est apparu qu'en 1863. On découvrit cette année-là lors de la première exposition canine de Paris une chienne ressemblant à un Briard, nommée Charmante. Plus tard Pierre Mégnin écrivait dans *l'Eleveur*: «Le chien de Brie est le résultat du croisement du Barbet avec le précédent (berger de Beauce).» L'étude morphologique de ces deux races montre qu'elles diffèrent quasiment en tout point. Enfin n'oublions pas que le berger des Pyrénées ne sortait jamais de ses montagnes. En fait il n'en est sorti que lorsqu'on est venu l'y chercher, lors de la Première Guerre.

Est-ce un parent de son homologue catalan, le Gos d'Atura Catalá?

Il est certain que le berger des Pyrénées et le Gos d'Atura Catalá sont de très proches parents. On pourrait dire que seule la frontière les sépare car l'ère de répartition de chacune de ces races se situe l'une au versant sud (le catalan) l'autre au versant nord (le français) de la chaîne pyrénéenne. Le Gos d'Atura Catalá est un chien de berger aussi efficace que son cousin français. On lui confie tout aussi bien ovins que bovins et équidés.
Physiquement ces deux races diffèrent. Par la taille d'abord. Le berger catalan peut être plus grand: mâle de 0,47 m à 0,55 m au garrot, femelle de 0,45 m à 0,53 m. La tête du catalan est plus forte et porte barbe et moustaches, son encolure est plus courte que chez le français. On admet enfin que le poil du Gos d'Atura Català est plus rêche que celui du berger des Pyrénées. Pour ce qui est du caractère le Gos d'Atura Català semble peut-être

un peu moins nerveux mais ceci ne signifie pas qu'il puisse être lymphatique!
Le Gos d'Atura Catalá est désormais sous la tutelle de la Réunion des amateurs de chiens pyrénéens à laquelle on peut s'adresser pour tout autre renseignement le concernant.

Pourquoi coupe-t-on les oreilles et la queue du berger des Pyrénées?

C'est une tradition pastorale qui a pour but de soustraire les chiens à des blessures diverses et aux plaies et affections qui peuvent en découler et gêner le travail des animaux. Les oreilles et la queue sont des parties extrêmement vulnérables et sensibles chez les chiens. Les épineux, les batailles avec des chiens errants sont courants dans les conditions de vie naturelle. La caudectomie (coupe de la queue) et l'otectomie (coupe des oreilles) sont des opérations effectuées aujourd'hui dans des conditions d'anesthésie et d'aseptie qui suppriment toute douleur et tout risque d'infection post-opératoire. En ce qui concerne le berger des Pyrénées, le standard marque sa préférence aux sujets qui ont subi ces opérations mais, compte tenu de l'interdiction prochaine de pratiquer l'otectomie et la caudectomie, des aménagements dudit standard seront faits.
Il arrivait également que les chiens de berger aient les dents épointées pour éviter qu'un chien trop fougueux ne blesse les brebis. Cette pratique, douloureuse, n'a heureusement jamais été tolérée pour les chiens «de compagnie»! Mais ce fameux «coup de dent» fait partie du patrimoine du berger des Pyrénées. Le chien de berger ne mord pas les brebis (à moins, comme nous l'avons dit, qu'il n'ait un peu trop d'enthousiasme au travail!). Il pince, du bout des incisives, pour mieux se faire comprendre d'une brebis un peu trop récalcitrante. Ce coup de dent n'a plus son utilité dans le domaine familial, mais comme le chien peut souffrir d'un certain manque (toujours ce problématique besoin de se rendre utile), il risque de pincer son entourage. Pas par méchanceté mais afin d'activer une mise en route pour la promenade ou de faire comprendre qu'il a envie de jouer à la balle. Ça ne fait pas mal mais c'est désagréable. Et puis le chien ne doit pas traiter son maître comme du bétail! Heureusement le berger des Pyrénées comprend très bien que vous n'appréciez pas ce genre de méthode despotique. A condition bien entendu de le lui faire comprendre. Au premier pincement, une correction et «non!». Sinon vous risquez fort d'avoir à supporter cette manie toute sa vie. Il peut même prendre de plus graves proportions en devenant véritablement morsure. Mais nous ne le répéterons jamais assez, le berger des Pyrénées n'est pas une potiche en poils. C'est un chien, un petit chien, avec un très grand caractère!

Ci-dessus, concours sur troupeau au Cirque d'Anéou. Remarquez l'excellent port d'oreilles naturelles

Très joli chien aux oreilles non coupées: Patone de la Tomière, Prop. Mlle Brault

Mon chien n'a pas de papiers. Pourra-t-il être confirmé?

Le Livre des Origines n'est pas, pour le berger des Pyrénées, fermé. Ceci signifie que les chiens sans origines connues peuvent avoir droit à leur inscription à titre initial. Il suffit de présenter un chien ayant atteint douze mois minimum (pas de maximum) à une séance de confirmation ou à une exposition canine en spécifiant bien que l'on demande la confirmation. Pour être confirmable dans ces conditions-là, le chien doit être du niveau «Excellent».

Mon chiot était bien fauve, mais sa fourrure a beaucoup blanchi. Est-ce normal?

Le berger des Pyrénées est, pourrait-on dire, un chien un peu caméléon. Au fur et à mesure de sa croissance, la couleur de sa fourrure évolue. Et c'est ainsi que certains chiots fauve foncé peuvent, vers un an, avoir viré au fauve très clair, presque blanc. Attention si vous briguez de le faire confirmer, car le blanc est éliminatoire pour le berger des Pyrénées. Si votre chiot n'est pas né blanc mais qu'il a beaucoup éclairci en grandissant, il y a fort à parier qu'il retrouvera dans quelques mois sa bonne couleur. Aussi patientez avant de le présenter à la confirmation. Cependant si vous avez fait l'erreur de le choisir déjà blanc (mauvaise sélection), il est peu probable qu'il fonce en grandissant.
Les chiens gris foncé sont souvent noirs à la naissance et peuvent le rester jusque vers trois ou quatre mois. En écartant le poil on peut alors discerner quelques poils blancs disséminés. Vers six mois la couleur grise s'affirme. Rappelons néanmoins que le noir est une couleur autorisée mais peu fréquente. Le berger des Pyrénées n'est pas jugé sur la couleur. A moins évidemment qu'il soit d'une couleur non conforme, auquel cas il sera disqualifié. Lorsqu'on choisit un chiot il faut veiller davantage aux qualités de type, la couleur étant secondaire. D'autre part, les croisements étant faits indépendamment de la couleur, toutes les couleurs peuvent apparaître dans les portées compte tenu des antécédents des géniteurs.

Qu'est-ce qu'un face-rase?

On distingue trois types chez le berger des Pyrénées: le poil long, le poil demi-long (qui sont jugés ensemble) et le face-rase. Voyons comment se présente chacune de ces variétés. Chez le poil long et le poil demi-long, la seule différence réside dans l'abondance des franges aux pattes. On admet également que le poil mi-long a souvent une meilleure tête que le poil long car il risque moins d'être trop chargé de poils en tête. N'empêche qu'il existe de très beaux sujets à poil long même si leur sélection semble plus difficile. Le type à face-rase est un chien dont la tête doit être absolument lisse. Le poil sur le museau, sur le tour des yeux, sur les joues est un poil aussi ras que celui d'un berger allemand. A peine si quelques touches de poils échappent de la conque des oreilles. Le poil du face-rase est également lisse sur la face antérieure des pattes. Les pattes à l'avant ont de légères franges, et on a de maigres culottes aux pattes arrière. Sur le corps, le poil est relativement long sur l'encolure et s'amenuise en

Tolosane du Pic de Marbore, jolie face-rase arlequine. Prop. Mme Reilhac

Deux face-rase de l'élevage de Mme Assibat

longueur jusqu'à la croupe. Sa texture est différente de celle du berger à poil long ou mi-long que le standard nomme «à museau normal». Enfin on admet chez le type à face-rase des tailles plus importantes: de 0,40 m à 0,54 m pour un mâle et de 0,40 m à 0,52 m pour une femelle. Le face-rase est plutôt inscrit dans un carré et son museau peut être plus long que dans le type à museau normal. Il est dit également que son caractère serait «moins nerveux et plus malléable».

Ces chiens étaient présents dans les Pyrénées dès qu'on fit état du berger des Pyrénées. Qui plus est ce n'est ni un proche parent ni un bâtard mais un berger des Pyrénées. Il naît d'ailleurs dans des portées de «museaux normaux», compte tenu bien entendu des exigences de la génétique. Les éleveurs se servent de ce type pour décharger la tête d'une souche un peu trop poilue. C'est ainsi que des sujets très typés en tête ont pu naître ces dernières années. Encore faut-il, ainsi que le souli-

Aymade à six mois. Prod. M. Clermont, prop. M. Pécoult

Carlo von Ginsterberg, prop. M. Notrel

Dariane et Diable Blond de la Bourguine à six semaines. Prod. M. Pécoult

Bergers nouveau-nés

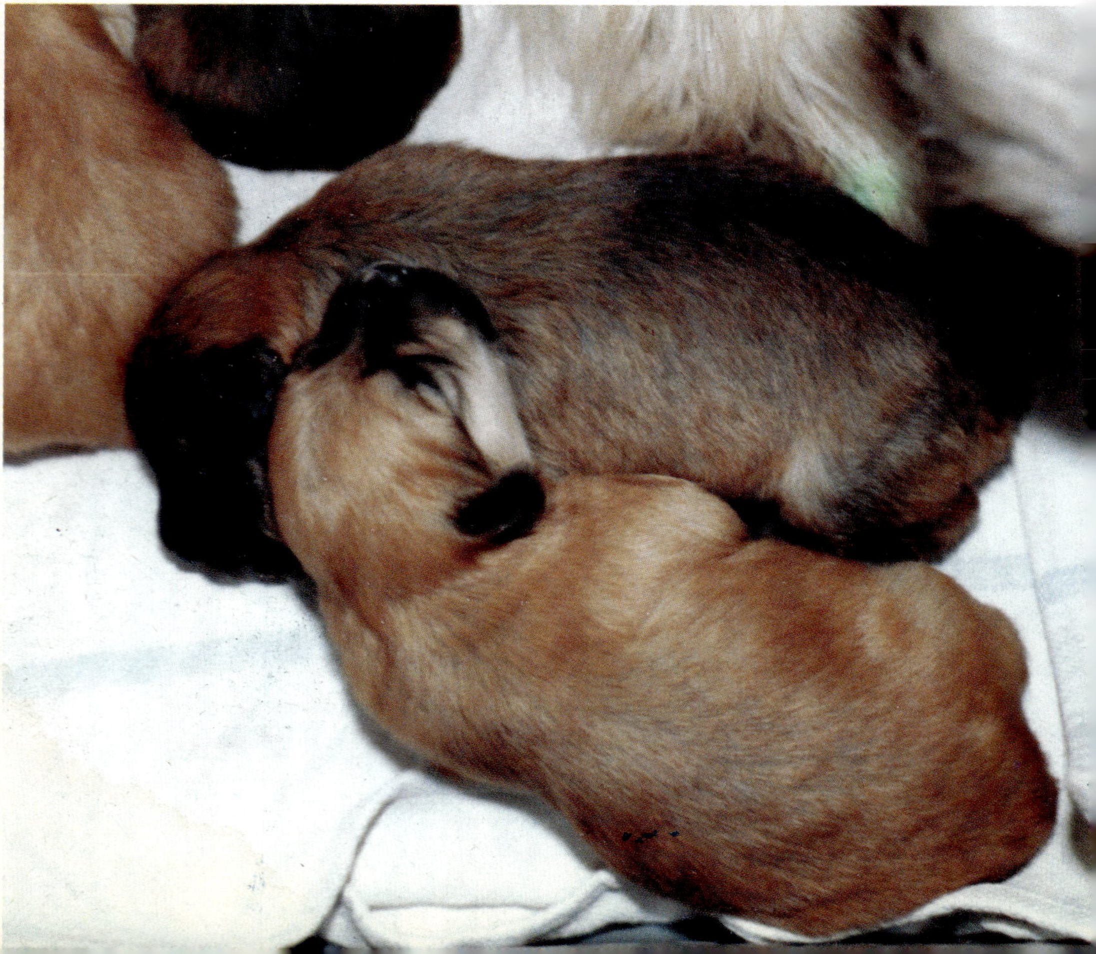

gne Monsieur Guy Mansencal, président de la RACP, connaître à fond les lignées qu'on utilise afin d'éviter de connaître le revers de la médaille d'une telle pratique: à savoir commencer à produire des sujets à museau normal et finir avec des face-rase, comme il était advenu à d'anciens éleveurs. «Plusieurs expériences ont pu être suivies, et l'on s'est aperçu que ces chiens de type "poil long" ont eu dans leur descendance 60% de chiens de type "face-rase". Peut-être ces chiots, considérés comme "face-rase" à deux mois, deviendront-ils "poil mi-long" plus tard, mais pour céder ces chiots, il vaut mieux les annoncer "face-rase" au départ, car grande serait la déception des amateurs à qui on pourrait faire croire que le poil va pousser, alors qu'il ne poussera jamais.»

Un berger des Pyrénées à face rase réussi est un chien très séduisant avec sa frimousse de renard. Un avantage pour les citadins: sa robe n'exige aucun entretien et ses franges peu abondantes retiennent nettement moins l'humidité par temps pluvieux ou les impuretés de la ville.

Sarrat de l'Estaubé

Le bien-être de votre chien

Le berger des Pyrénées est réputé pour sa bonne santé. Ce petit chien rustique, élevé dans de bonnes conditions, vit facilement jusqu'à douze voire quinze ans et conserve assez tard la vitalité de sa jeunesse ce qui, d'ailleurs, le rend encore plus séduisant.
En réalité ses faiblesses éventuelles proviennent d'excès dont nous sommes nous-mêmes responsables. Excès alimentaire et excès d'oisiveté.

L'alimentation

Chien de travail et de ferme depuis des décennies, le berger des Pyrénées n'a découvert les bons petits plats que depuis peu de temps. Auparavant et encore aujourd'hui il devait se contenter de peu. Le berger partageait souvent son frugal repas avec lui quand ils partaient en alpage. Le reste du temps c'était les déchets de table, le petit lait et parfois les délivrances des brebis. Et comme ce petit chien est particulièrement débrouillard, il chassait pour améliorer l'ordinaire. On avait même coutume de dire qu'il mangeait «le grillon derrière la charrue»! C'est dire sa frugalité.
Il est de toute importance de conserver sa ligne au berger des Pyrénées. Ce chien doit avoir une ossature sèche. Malheureusement la vie citadine en fait trop souvent un chien bien enveloppé ce qui est tout à fait nuisible à son dynamisme. De plus un excès de protéines conduit souvent à des problèmes d'eczéma. Pour son bien-être, la beauté de ses lignes et de sa fourrure le berger des Pyrénées doit recevoir une alimentation équilibrée et rationnée.
Une alimentation équilibrée est une alimentation qui propose un ensemble de substances nécessaires à l'organisme: protéines, lipides, glucides, sels minéraux et vitamines.
Le chien est un carnivore. Sa croissance rapide exige une quantité assez importante de protéines et de lipides du sevrage à l'âge adulte. Auparavant c'est le lait de la chienne qui a apporté ces substances. Alors que la ration de croissance peut exiger 250 calories par kilo au sevrage, lorsque le chien sera adulte on devra revenir à une ration d'entretien d'environ 60 calories par kilo.

Les viandes, les abats, la volaille, le poisson, les œufs et le fromage sont de bonnes sources de protéines. Parmi les viandes on préférera le bœuf et la volaille. On évitera le porc qui ne devrait être donné que très cuit. Le cheval est trop échauffant. Les abats doivent être distribués modérément et crus car ils contiennent beaucoup de vitamines et d'oligo-éléments mais attention aux infestations parasitaires.
Le poisson est une bonne source de protéines à condition d'être servi cuit. On préférera les poissons maigres dont on enlèvera soigneusement les arêtes.
Un œuf entier remplace 100 g de viande rouge. Les œufs doivent être cuits lorsqu'ils sont donnés entiers ou crus si on ne sert que le jaune.
Le lait est bon mais les chiens le supportent souvent assez mal à l'âge adulte, leur diastase digestive s'étant modifiée. Certains régimes alimentaires industriels contiennent une bonne proportion de protéines d'origine végétale comme le soja. Elles conviennent bien au chien à condition de ne pas être données excessivement (risque de diarrhée).
Le deuxième élément important dans l'alimentation d'un chien sont les lipides. On trouve les lipides dans la viande et dans les huiles végétales. On a souvent tort de choisir une viande trop maigre pour un chien. En réalité le chien a un gros besoin de graisses et les digère parfaitement bien. Les lipides contiennent des acides gras indispensables à la santé de la peau et du pelage. Ne craignons pas de voir le chien grossir! Les lipides ne sont pas responsables de l'embonpoint. Ce sont les glucides. On trouve les glucides dans les végétaux et les féculents. On choisira de préférence le riz à condition de le donner très cuit (formant colle!). Puis les pâtes. On évitera le pain et les pommes de terre. On proscrira les légumes secs. Les légumes verts ont surtout pour fonction d'assurer le transit intestinal. Ils ont une valeur calorifique négligeable. Ils peuvent en revanche avoir un certain intérêt lorsqu'il s'agit de réduire un certain embonpoint puisqu'ils donnent au chien l'impression d'avoir l'estomac bien rempli. Mais attention à l'excès de cellulose.
On a souvent tendance dans une alimentation traditionnelle ménagère à oublier les éléments indispensables à l'équilibre de la ration que sont sels minéraux et vitamines. Bien sûr les viandes, les œufs, les poissons en contiennent mais en quantité insuffisante. Il est judicieux de prévoir de compléter la ration par un complexe minéral et vitaminé. L'adjonction de levures est bienvenue.
A titre d'exemple un berger des Pyrénées adulte devrait recevoir une ration ménagère composée comme suit: 150 g de protéines; 20 g de lipides; 100 g de glucides; 100 g de légumes verts; 5 à 10 g d'un complexe vitaminé et minéral, à réduire ou augmenter selon l'activité du chien. Mais veillez à ne pas surestimer son activité. Il n'y a rien de comparable entre celle d'un

chien au troupeau pouvant parcourir quelque 30 à 50 km par jour et celle d'un chien citadin qui se dépense une heure au bois et dort le reste du temps! Pourtant le chien qui travaille a certainement plus de vigueur que le deuxième. Et est certainement moins bien nourri que lui!

Enfin on évitera absolument toutes les gâteries hors repas: sucre, biscuits, etc. S'il s'agit de récompenser un chien, la meilleure manière est encore les caresses.

On s'astreindra également à des horaires de service réguliers:

— de 3 à 6 mois: 3 repas répartis dans la journée;
— de 6 à 12 mois: réduire à 2 repas, un le matin, le second le soir;
— à partir de 12 mois: un seul repas par jour, le soir uniquement. Il est indispensable d'éviter au chien tout exercice violent après son repas. C'est pourquoi il est préférable de lui donner son repas principal le soir. On évite ainsi tout risque de torsion stomacale qui peut s'avérer mortelle pour le chien.

Depuis quelques années l'industrie alimentaire s'est enrichie de produits spécifiques pour chien et chat. Ils ont sur la ration alimentaire ménagère un avantage certain: leur coût est moins élevé et surtout ils sont parfaitement équilibrés. Or l'équilibre des éléments qui composent une ration est particulièrement difficile à établir. La qualité des produits utilisés peut compromettre la balance. Une viande maigre exigera plus de graisses. Une viande grasse moins de glucides. C'est pourquoi on trouvera bénéfice à utiliser les produits du commerce. Les plus faciles d'emploi sont les produits présentés sous forme sèche, en croquettes (à croquer), sous forme expansée (à tremper dans une quantité d'eau chaude) ou sous forme humide (aliment complet ou à compléter). Les élevages actuels utilisent surtout ces formules, pratiques d'emploi et faciles à stocker. Chaque produit indique la quantité à distribuer selon l'activité, l'âge et le poids de l'animal. Avec un berger des Pyrénées adulte on a même intérêt à réduire la quantité indiquée pour l'entretien sauf s'il s'agit d'un chien ayant une intense activité.

Complément indispensable de toute alimentation, l'eau, donnée fraîche et fréquemment renouvelée.

La santé

Cet ouvrage consacré à la race du berger des Pyrénées ne peut être un recueil des principales maladies rencontrées chez le chien. Cependant il est bon de connaître certains signes cliniques qui peuvent avertir le maître que quelque chose ne va pas. Il aura ainsi tout loisir pour se rendre chez son vétérinaire habituel afin que son chien puisse recevoir les soins que justifie son état. Si certains petits malaises peuvent être résolus à domicile, il n'est pas conseillé de jouer les apprentis sorciers.

Des chiens en pleine forme: groupe de l'Oustaou de Padel, de M. Audibert. De gauche à droite: Arabesque, Violette et Airelle

Comme nous l'avons déjà dit, le berger des Pyrénées est un chien rustique et très résistant. Cependant il n'est pas à l'abri des accidents et des affections virales.

Un chien en bonne santé a l'œil vif, il est alerte, son poil est vigoureux.

Si votre berger des Pyrénées est inhabituellement abattu, restant dormir dans son coin, quelque chose ne va pas, c'est certain. Mais quoi? Difficile de le savoir au premier chef. Attendons d'autres signaux. Il peut s'agir d'une faiblesse passagère, au lendemain d'un week-end par exemple. Mais si ses urines s'avèrent anormalement foncées, comme du café, une piroplasmose est à craindre. Le conduire d'urgence chez le vétérinaire. La piroplasmose est transmise par la tique. C'est une grave maladie du sang qui conduit à la destruction des globules rouges. Le traitement, s'il est entrepris à temps, s'avère efficace mais l'a-

nimal peut conserver des séquelles sous forme de fragilité hépatique.
Face à un abattement inopiné, il est judicieux de prendre la température du chien. La température normale du chien est de 38°/38°5. Au-delà c'est signe d'un problème pathologique. Dans le cas d'une piroplasmose, la température monte très vite.
Les vomissements sont assez fréquents chez les chiens. Mais alors qu'un vomissement isolé (bile ou rejet d'un corps étranger) ne doit pas être un sujet d'inquiétude, il en est tout autrement lorsqu'il s'agit de vomissements répétés. Dans ce dernier cas la consultation vétérinaire s'impose. Il en est de même si le chien a une forte diarrhée qui peut conduire à une déshydratation sévère.
On a tendance à croire qu'une truffe sèche et chaude est un symptôme d'une quelconque affection. Or ce n'est pas toujours le cas. Au repos, l'humidification de la truffe est ralentie et c'est pourquoi elle prend cet aspect sec. Mais dès que le chien va s'agiter, la truffe va retrouver sa fraîcheur. En cas de maladie les chiens sont souvent prostrés et dorment plus que de coutume. Il est donc normal que leur truffe soit sèche dans ces circonstances.
On croit également qu'un chien qui halète a de la fièvre. Il n'en est rien. Le halètement chez le chien correspond à notre manière d'éliminer le surplus de chaleur intérieure occasionnée par l'effort ou la température externe. Le chien ne possède pas de glandes sudoripares sur la peau. En revanche lorsqu'il a trop chaud ou lorsqu'il est excité il halète. Le berger des Pyrénées, chien suffisamment nerveux, halète assez souvent, ce qui ne manque pas de charme d'ailleurs car son bout de langue dépassant des lèvres accentue sa physionomie rieuse!
Examinons les principales affections qui touchent l'espèce canine.

L'allergie

Il existe une multitude de causes provoquant une allergie chez le chien. Elles peuvent être d'ordre alimentaire avec éruption cutanée, respiratoire avec toux. Le type d'allergie qu'on rencontre le plus souvent est une réaction à la salive de puces. Les chiens y sont très sensibles. Une seule trace de salive déposée par une puce alors qu'elle pique le chien peut provoquer une démangeaison telle qu'à force de se gratter et de se mordiller certaines parties du corps celles-ci sont mises à nu (alopécie) et peuvent présenter des lésions surinfectées. Il conviendra alors d'administrer au chien des anti-inflammatoires pour stopper les démangeaisons, de soigner localement mais surtout d'éviter toute réinfestation.
Le berger des Pyrénées est sujet à une allergie d'ordre alimentaire. Nous l'avons vu, cette race ne doit pas recevoir une forte proportion de viande rouge surtout quand le chien est sé-

dentaire. Un excès peut conduire à une réaction allergique cutanée importante. Il conviendra alors de réduire les quantités de viande rouge et, mieux, de lui proposer une viande anallergique comme le poulet ou la dinde. Et en même temps d'augmenter son activité physique.

Les parasites de la peau

Les poux, les puces, les tiques, les gales et les teignes sont les «hôtes» fréquents des chiens.

Les poux et les puces

Les *poux* sont des insectes minuscules qui ont cette particularité de vivre complètement de leur hôte canin aussi bien pour se nourrir que pour se reproduire.

Les *puces* en revanche mangent chez le chien mais vont se reproduire ailleurs, c'est-à-dire dans l'environnement proche de leur nourrissier. C'est pourquoi il est davantage aisé de se débarrasser des poux alors que le traitement contre les puces est souvent, s'il est incomplet, de longue haleine. Ce sont et le chien et son environnement qu'il convient de traiter, c'est-à-dire tous les lieux qu'il fréquente: coussins, moquette, recoins obscurs de la maison, parquets, etc.

Il existe dans le commerce de nombreux produits destinés à combattre les puces, que ce soient des bombes aérosols, des colliers insecticides, des poudres et même des produits qu'on administre par voie buccale ou cutanée et qui tuent les parasites qui l'absorbent avec le sang du chien. Mais le traitement antiparasitaire ne s'arrête pas là et les locaux où vit le chien doivent être aussi traités par des produits adéquats. Attention, le traitement efficace des locaux peut exiger qu'on en soit absent pendant quelques heures. Il existe des bombes insecticides à cet usage ou des fumigènes. Veillez à renouveler les colliers dès qu'ils ont atteint la limite de leur efficacité (trois à cinq mois selon les modèles) et à renouveler fréquemment le traitement des intérieurs.

Les tiques et les aoûtats

Les *tiques* sont des parasites que le chien rencontre lors de ses promenades: bois, prairies, mais aussi congénères. La tique se fixe à la peau du chien et se nourrit de son sang. Ce faisant le volume de son corps augmente. A la fin de quoi elle se détache et tombe. Cet insecte est particulièrement dangereux car il peut transmettre une terrible maladie du sang, la piroplasmose. Mais toutes les tiques ne sont pas forcément porteuses et les chiens de ferme vivent parfois avec des quantités impressionnantes de tiques sans être atteints par cette affection. Cependant il y a risque d'anémie en cas d'invasion trop importante.

Si votre chien abrite une tique vous pouvez la lui ôter en prenant les précautions suivantes: surtout ne pas l'arracher brutalement. Il convient avant tout d'endormir ou de tuer le

parasite, à l'aide d'un coton imbibé d'éther ou d'alcool à brûler qu'on maintient un certain temps, avant de l'extraire à l'aide d'une pince à épiler en prenant soin d'enlever le rostre en même temps. Sinon la partie toujours enfouie sous la peau risque de provoquer un abcès. Il existe maintenant des produits très efficaces qui permettent une bonne extraction. Se renseigner auprès de son vétérinaire.
Enlever une tique à son chien ne signifie pas pour autant qu'on le soustrait à la maladie car s'il y a eu accrochage à la peau, le mal peut être déjà fait. Une bonne prévention contre les tiques est le port d'un collier adéquat (attention tous les colliers anti-parasitaires ne sont pas efficaces contre les tiques).
Il conviendrait, si le chien vit dans une zone infestée, d'ajouter au port du collier une vaporisation systématique avant toute sortie, à l'aide d'une bombe insecticide. Les produits par voie buccale s'avèrent inefficaces contre les tiques puisqu'ils n'empêchent pas la tique de s'accrocher. C'est avant qu'il faut traiter.
Les *aoûtats* qui sévissent en été peuvent également déranger les chiens et provoquer des démangeaisons virulentes.

Les gales et les teignes

Il existe trois sortes de *gales*. La gale otodectique qui sévit aussi bien chez le chien que chez le chat provoque une accumulation de sécrétions brunâtres dans les oreilles. Le chien se gratte violemment et il peut manifester des troubles de l'oreille interne. Le vétérinaire apportera une solution à cette infestation. La gale démodectique concerne surtout les chiens de moins d'un an et peut être compliquée de surinfection par des staphylocoques. Seul l'examen microscopique peut la différencier de la gale sarcoptique qui elle, contrairement à la précédente, est contagieuse pour l'homme. La pharmacopée vétérinaire dispose de traitements efficaces mais qui peuvent être longs.
Les *teignes* sont des champignons qui provoquent la chute en plaques rondes sans démangeaison. La tête est d'abord atteinte, puis le reste du corps. Elles sont contagieuses pour l'homme et les autres animaux. On traite à l'aide d'un antifongique, la griséofuline.

Une sorte de moustique, le *phlébotome*, sévit dans les régions méditerranéennes. Sa piqûre provoque chez le chien une grave parasitose du sang, la leishmaniose. Les symptômes: anémie sévère, fièvre, perte de poils, mauvaise odeur de la peau. Malheureusement cette maladie, longue à soigner, est contagieuse pour l'homme. Le traitement existe mais il peut y avoir des rechutes.

Les parasites internes

Les chiens peuvent abriter différentes sortes de vers: les vers ronds et les vers plats. Une infestation massive de ces parasites peut entraîner de graves pathologies: diarrhées, vomissements, toux, obstruction du tube digestif...

Les vers ronds et les vers plats

Parmi les *vers ronds*, le plus fréquemment rencontré est l'ascaris. Il vit du contenu intestinal du chien où il est né. Les principales victimes de l'ascaris sont les chiots qui en sont infestés par leur mère. Une sage précaution consiste à administrer un vermifuge adéquat aux chiots trois ou quatre fois à trois semaines d'intervalle puis deux fois par an. Autre ver rond: l'ankylostome pratiquement invisible à l'œil nu et particulièrement dangereux pour les chiots. Enfin un ver qui sévit autant que l'ascaris: le trichure. Il peut falloir un certain temps pour en débarrasser un chien car les œufs de ce ver sont protégés par une membrane très résistante.

Têtes de file des *vers plats*, les ténias, qu'on rencontre très fréquemment chez les chiens, et surtout l'un d'entre eux, le *Dipylidium caninum* qui est transmis par les puces. (D'où l'intérêt d'une désinsectisation fréquente). En effet, en se grattant le chien peut ingérer des puces qui, elles, sont friandes des larves microscopiques du *Dipylidium caninum*. Résultat: la larve se développe dans l'intestin grêle du chien. Aussi en cas d'infestation par les puces on devrait poursuivre le traitement par une vermifugation systématique contre le ténia.

On trouvera chez le vétérinaire des vermifuges polyvalents ou spécifiques contre tel ou tel ver. Il est inutile de vermifuger un chien outre mesure. Une ou deux fois par an suffisent amplement. Le système de la purge de nos aïeuls est périmé de nos jours. En principe, la plupart des vermifuges s'absorbent avec une petite quantité de nourriture. Le rejet des vers morts n'est pas toujours visible.

Les maladies virales

La maladie de Carré

On la croyait disparue, cette vieille *maladie de Carré*. Elle sévit encore aujourd'hui, tuant des centaines de chiots vendus dans des conditions assez douteuses. Ses symptômes: diarrhée importante, fièvre, vomissements, perte d'appétit, toux, méningite, puis mort à l'issue d'une à plusieurs semaines. Heureusement il existe un vaccin très efficace, administré dès l'âge de deux mois avec un rappel un mois plus tard puis tous les ans.

L'hépatite contagieuse

L'*hépatite contagieuse* ou hépatite de Rubarth est manifestée par des symptômes proches de ceux de la maladie de Carré. Cette maladie qui peut tuer brutalement sans qu'on en ait perçu les premières manifestations est transmise par les urines. D'où la nécessité de ne jamais laisser divaguer un chiot non prémuni par une vaccination, qui est d'ailleurs souvent associée à celle contre la maladie de Carré.

La parvovirose

La gastro-entérite hémorragique à parvovirus ou *parvovirose* fit des ravages dans le cheptel canin en 1979. Elle se manifeste par des vomissements, une diarrhée parfois sanglante et une forte déshydratation. Il existe un vaccin efficace qu'il est prudent de renouveler annuellement.

La rage

Nul n'ignore plus les dangers de cette affection d'origine virale, la *rage*. Contre sa constante progression (on la signale en région parisienne), une seule protection là encore: la vaccination. Celle-ci est d'ailleurs obligatoire pour tous les chiens vivant en zone infestée et nécessaire pour toute inscription en exposition canine. Elle l'est également lorsqu'on se rend dans certains pays étrangers et en tout cas lorsqu'on en revient. Elle l'est aussi en Corse et pour séjourner dans les terrains de camping en France. Il importe donc, quels que soient l'usage et le lieu d'habitation du chien, de ne négliger aucun rappel annuel.

Le vétérinaire traitant établira en fonction du type de vaccins utilisés un calendrier des vaccinations ou rappels à effectuer. Compte tenu de la gravité de certaines affections il n'est pas prudent d'acquérir un chiot qui n'aurait pas reçu les premières injections de vaccination. C'est pourquoi l'âge d'acquisition d'un chiot se situe raisonnablement vers l'âge de trois mois. A cet égard le choix d'un éleveur sérieux est primordial.

Le berger des Pyrénées, comme tout autre chien, peut souffrir de diverses maladies. Elles sont uniquement du ressort des vétérinaires qu'il conviendra de consulter si nécessaire.

La toilette

Revenons quelques instants au standard du berger des Pyrénées, à la rubrique «poil». Il est dit que le poil est «long ou mi-long, mais toujours bien fourni... sa texture tenant le milieu entre le poil de chèvre et la laine de brebis», c'est-à-dire laineux à la base et s'affermissant à l'extrémité. Il est plat ou légèrement ondulé. Au toucher le poil doit présenter une certaine fermeté. Sont à rejeter les textures molles et le poil frisé. Une bonne texture doit assurer une protection efficace contre les intempéries et aussi bien contre les ardeurs du soleil en jouant le rôle d'une couche isolante. Plusieurs paramètres interviennent alors pour obtenir et conserver sa qualité.

Tout d'abord ne négligeons pas la part de la génétique. D'une lignée de chiens dépoilés ou de mauvaise texture de poil ne peut naître une portée bien fourrée ou d'un poil de bonne qualité. Et tous les traitements spécifiques du poil qu'on pourra administrer au chien ne serviront à rien.

L'alimentation vient en second. Une bonne fourrure, c'est une bonne alimentation avec juste ce qu'il faut de protéines et de matières grasses.

Enfin des conditions de vie qui stimulent la pousse du poil et sa qualité de texture sont souhaitables. Il faut bien le dire, les chiens qui passent leur vie à l'intérieur, près des radiateurs, ont rarement la toison de ceux qui vivent en plein air et qui parfois couchent dehors. Ceux qui ont séjourné dans les Pyrénées ou ont visité les expositions canines ont pu admirer quelques sujets en robe de cadenettes. C'est un aspect de la robe tout à fait typique qui fait un peu penser à la robe du berger de Bergame. Le poil forme des mèches plus ou moins épaisses, surtout dans les régions où la partie laineuse est plus importante, sur la croupe et aux pattes. On dit alors que le chien porte la cape car la masse de poils plus importante sur la croupe prend l'aspect d'une cape, les épaules restant plus plates. Pour obtenir et

Magnifique sujet en robe de cadenettes: Isba, prop. M. Mansencal

A la page suivante, Belle robe arlequin, Roumassot de l'Estaubé, prop. M. Duchateaux

conserver cette robe typique il faut tout d'abord que le poil s'y prête et que le chien ne soit pas peigné et brossé excessivement. En revanche on travaille les mèches une à une si on veut obtenir un aspect plus fin. Pour cela on les ouvre de l'extrémité vers la racine du poil. Et lorsque celui-ci prend suffisamment de longueur, l'effet est saisissant.
Le poil du berger des Pyrénées, chien rustique, n'exige pas la somme d'entretien des autres races plus sophistiquées.
Surtout pas de shampoing! A moins évidemment que le chien ne se soit roulé dans des immondices. A la rigueur un shampoing sec, ou cette formule conseillée par M. Mansencal: 2/3 de souffre, 1/3 de talc. On saupoudre le chien de ce mélange une fois par quinzaine. On brosse à revers pour ôter l'excédent.

Tucoulou de l'Estaubé, joli poil long fauve clair. Prop. M. Audibert

Pour l'entretien normal on préférera l'usage d'une brosse en poils naturels comme le chiendent et un peigne à dents espacées. Surtout veillez à ne pas trop ôter de bourre. Bien dégager les yeux en brossant vers l'arrière. Le reste du corps se brosse à rebrousse-poils pour donner du volume. Un brossage hebdomadaire suffit pour maintenir le chien propre.

Quelques mots pour la longueur du poil. La robe du berger des Pyrénées est longue à se faire. Il faut compter jusqu'à la troisième année, si le chien est élevé dans de bonnes conditions, pour qu'il atteigne une bonne longueur. Mais ce n'est pas un principe rigoureux car certains chiens ont une robe superbe à un an seulement. Les propriétaires débutants ne doivent donc pas être rebutés par une fourrure maigre de leur chien. La couleur varie également avec l'âge. Ajoutons que certaines femelles, du fait de leurs chaleurs ou de mises bas, peuvent arborer une robe moins somptueuse que celle des mâles. Mais rappelons-le encore: le jugement en exposition de beauté ne favorise pas uniquement les belles robes. Le type, les allures et la qualité (et non la quantité) de la fourrure sont primordiaux.

Les soins courants

Tout bon maître aura à cœur l'hygiène de son chien, commençant par un bon brossage hebdomadaire.

L'inspection régulière des oreilles peut prévenir une affection grave. La présence de cérumen noir peut annoncer une gale des oreilles mais si le cérumen est doré, il n'y a aucun danger. Si votre berger des Pyrénées penche la tête sur le côté en se grattant et en gé-

Tison de l'Estaubé en robe de cadenettes. Prop. M. Livache

missant, soyez attentif. Un épillet a pu s'y glisser. Surtout, à moins que l'épillet ne soit pas trop introduit, ne cherchez pas à l'extraire. Vous risqueriez au contraire de l'enfoncer davantage. Emmenez immédiatement votre chien chez un vétérinaire.

On veillera aussi à la propreté des yeux. On ôte à l'aide d'un coton les impuretés qui peuvent sécher au coin des yeux. Si le chien présente une conjonctive rouge qui dure, consultez également le vétérinaire.

Enfin, les dents. Avec l'âge et selon certains types de nourriture, certains chiens ont les dents entartrées. Le vétérinaire là encore apportera la meilleure solution en effectuant un détartrage. Cette opération effectuée sous anesthésie permet d'éviter une chute hâtive des dents par déchaussement, tout comme pour nous.

Arize de l'Estaubé, prop. M. Mansencal

La reproduction

Ce qu'il faut savoir

On est très souvent tenté, lorsqu'on possède un chien de race, de le faire reproduire au moins une fois. Il est certain qu'une portée de chiots apporte beaucoup de satisfaction d'un point de vue sentimental: joie de voir évoluer des petits nés chez soi, etc. Mais il ne faut pas ignorer pour autant les contraintes liées à cet événement. Contrainte de place en premier lieu. Il n'est pas envisageable d'élever une portée de chiots (encore moins de bergers des Pyrénées) en appartement. Même si l'on peut mettre une pièce à leur disposition. Dans ces conditions, la reproduction canine va devenir très vite de l'esclavage! Les chiots remuent beaucoup, font du bruit. Et surtout salissent à longueur de journée. A moins que vous n'ayiez décidé de vivre la serpillière et la bouteille de Javel à la main, renoncez à faire reproduire en appartement! Sans compter les problèmes d'hygiène liés à la vie citadine. Ces problèmes n'existent plus lorsqu'on possède un jardin et un espace hors de la maison où l'on puisse élever les chiots lorsqu'ils sont au sevrage. Ils profiteront alors des bienfaits du grand air et du soleil. Un garage, un abri de jardin peuvent très bien convenir. A moins qu'on ne décide de leur fabriquer un enclos spécial. Les règles d'hygiène doivent être scrupuleusement suivies: lavage à grande eau, désinfection régulière.

Qu'on soit éleveur régulier ou occasionnel, il importe d'assurer une présence. Aussi bien pour la surveillance de la portée que pour assurer sa socialisation à l'homme. Plus les chiots sont manipulés, plus ils deviennent sociables. Ce qui ne veut pas dire qu'il faille les tripoter à longueur de temps, bien au contraire. Mais il n'est pas pensable de ne leur assurer que les soins minimums comme la distribution des repas par exemple.

Cela dit, que vous soyez possesseur d'un berger des Pyrénées mâle ou femelle, est-il vraiment indispensable de le faire reproduire? D'un point de vue strictement génétique (qui ne considère que l'amélioration de la race) il peut sembler regrettable de ne pas utiliser les qualités de tel ou tel sujet. A condition bien entendu que ces qualités aient été reconnues officiellement

Ci-dessus et à la page suivante, Aymade et ses chiots. Elevage de M. Pécoult

au cours d'expositions canines et surtout lors d'«expositions nationales d'élevage». Un particulier est souvent tenté (et c'est normal!) de considérer son chien comme le plus beau du monde. Seuls cependant des experts de la race, en l'occurrence les juges d'exposition, sont aptes à reconnaître les véritables qualités d'un chien.
Tous les chiens ne sont pas des champions mais tous ne sont pas non plus de mauvais sujets. On ne devrait faire reproduire que des sujets ayant d'abord été confirmés, ce qui signifie qu'ils possèdent suffisamment de qualités pour reproduire et qu'ils n'aient pas de tares apparentes. Malheureusement l'examen de confirmation ne considère que les tares apparentes. Seule la reproduction peut faire apparaître celles des tares qui sont cachées. Et c'est aussi par le moyen de la reproduction que les éleveurs apprennent à mieux connaître leur lignée et les qualités reproductrices de leurs sujets. Or un particulier n'a ni le temps ni les moyens d'étudier d'une manière aussi approfondie les qualités de son chien. Et comme d'un autre côté il ne recherche pas forcément la meilleure alliance pour sa chienne, la portée sera plutôt le fruit du hasard.

La race du berger des Pyrénées est très hétérogène. C'est-à-dire que la maintenance du type véritable exige qu'on connaisse parfaitement les lignées qu'on utilise. Ce qui paraît hors de question pour un simple particulier qui découvre la race avec son propre chien.

La grande faiblesse de la race du berger des Pyrénées tient à cela: une production massive et hasardeuse peut très bien l'anéantir. Pour nombre de gens, le berger des Pyrénées n'est qu'un petit poilu rigolo. Mais quand le chien devient lourdaud, que sa face se cache derrière les poils, qu'il a perdu sa vivacité de caractère et de mouvement, ce n'est plus un berger des Pyrénées.

Réfléchissons bien avant de faire reproduire et qu'on soit éleveur amateur ou occasionnel, ne cherchons qu'à faire pour le mieux. Le berger des Pyrénées n'a pas besoin d'être banalisé.

Lorsqu'on possède un mâle il importe en tout premier lieu, si l'on a décidé de l'utiliser pour la reproduction, de le faire confirmer.

L'examen de confirmation a lieu impérativement en séance de confirmation ou exposition de beauté organisées par la Société centrale canine et ses sociétés régionales. La confirmation permet au chien d'obtenir son pedigree définitif s'il est inscrit au Livre des origines ou bien son inscription à titre initial s'il ne possède pas de certificat de naissance. Dans ce dernier cas, le chien doit obtenir le qualificatif «excellent» pour pouvoir prétendre à cette inscription à titre initial.

Une fois franchie l'épreuve de la confirmation le propriétaire d'un chien mâle ne peut espérer que son chien soit demandé pour des saillies que s'il est connu et reconnu. Pour cela, il n'existe qu'un moyen: le présenter le plus souvent possible en exposition. Le club de race, la Réunion des amateurs de chiens pyrénéens peut également indiquer l'adresse du propriétaire d'un tel chien à des éleveurs ou des particuliers souhaitant faire reproduire une chienne.

Tout comme le mâle, la chienne doit être confirmée avant de reproduire.

Les premières «chaleurs» d'une chienne se manifestent vers l'âge de huit mois. Les chiennes ont deux périodes de chaleurs annuelles mais il peut arriver dans la race qui nous intéresse qu'elles n'en aient qu'une seule sans qu'il y ait lieu de s'en inquiéter. Chaque période de chaleurs dure environ trois semaines mais la chienne n'est fécondable que dans un laps de temps très limité qui se situe généralement du 9e au 14e jours. Généralement, car certaines femelles seront fécondables plus tôt et d'autres beaucoup plus tard si bien qu'on peut très bien laisser passer le bon moment. Il est de coutume de conduire la femelle au mâle et non l'inverse. De plus il existe un règlement officiel et international qui régit les conditions dans lesquelles une saillie doit être effectuée. Nous le reproduisons ci-après car son application peut éviter bien des conflits entre les propriétaires.

Lorsqu'on a décidé de faire reproduire une chienne, il est plus prudent de se mettre en quête d'un mâle bien avant que la chienne ne tombe en chaleurs. En s'y prenant à la dernière minute on risque d'une part de ne rien trouver ou de se décider pour un chien quelconque parce qu'il habitera près de chez soi ou encore de ne le dénicher que trop tard, la chienne ne l'acceptant plus.

Il serait sage d'attendre que la chienne ait atteint sa maturité physique et ait au moins quinze mois pour une première saillie. Il est de coutume de la présenter au moins deux fois au mâle. Il n'est pas recommandé de les laisser ensemble à longueur de journée car le mâle risque de s'épuiser inutilement surtout si la femelle est rétive. Il n'est pas conseillé non plus de laisser les deux protagonistes se débrouiller tout seuls. Il est parfois prudent d'assister le couple surtout lorsqu'il s'agit d'une première fois. Il convient également de maintenir la femelle au moment du «verrouillage» (ou «accrochage») pour éviter une séparation trop brutale qui pourrait blesser l'un ou l'autre partenaire. La verge du mâle possède en effet une particularité: un petit os

pénien qui provoque lors de la pénétration une contraction réflexe des muscles du vagin, tandis que l'extrémité du pénis gonfle. Cette phase de «verrouillage», pendant laquelle se produit l'éjaculation, peut durer une quinzaine de minutes. Pendant cette période les chiens peuvent se retrouver côte à côte ou dos à dos sans qu'il y ait lieu de s'en inquiéter. Ils se sépareront naturellement lorsque les muscles vaginaux seront décontractés.
La gestation dure environ deux mois (58 à 65 jours). Une portée de bergers des Pyrénées va de 2 à 5 chiots. Il convient d'écourter la queue le lendemain de la naissance et les oreilles vers 8 semaines. Cette dernière opération se pratique sous anesthésie et comme on ne touche pas au lobe de l'oreille et que la coupe fait une oreille assez courte, la cicatrisation s'effectue assez rapidement, et sans qu'il soit nécessaire de panser comme il est de coutume dans d'autres races.
L'élevage d'une portée de chiots de berger des Pyrénées ne pose pas de problèmes particuliers. Ces chiots rustiques sont vifs et ont besoin de s'ébattre en plein air. On choisira de faire reproduire de préférence à la belle saison afin que les chiots profitent au maximum du soleil. Il ne faut pas croire qu'une portée née en hiver souffrira des basses températures. Un éleveur eut un jour la surprise de découvrir au fond d'un trou creusé dans la neige une portée de chiots. Il tenta le tout pour le tout et décida de ne pas importuner la mère et ses petits. Protégée comme dans un igloo, la portée ne souffrit jamais des conditions atmosphériques! Et les chiots devinrent fort beaux. Le berger des Pyrénées est un chien rustique qui redoute davantage les excès de soins que leur absence tant au niveau physique qu'au point de vue du caractère.

Règlement international d'élevage de la FCI

(dit Convention de Berne 1979 remplaçant celle de Monaco)

Préambule

1. Les droits et obligations réciproques des propriétaires ou des possesseurs d'étalons et de lices sont déterminés par le Droit national et les règlements pris par les associations d'élevage et par les associations cynologiques nationales, ainsi que par des conventions particulières. Dans le cas où de telles dispositions n'existeraient pas, c'est le règlement international d'élevage de la FCI qui est applicable.
Il est recommandé, de façon pressante, aux éleveurs, propriétaires ou possesseurs d'étalons, de déterminer, par écrit, les conditions dans lesquelles se fera la saillie, afin de créer une situation claire en ce qui concerne les obligations financières.
Le règlement d'élevage de la FCI doit être applicable pour tous les cas qui ne sont par réglés par le droit ou les règlements d'élevage nationaux.

Transport et frais d'entretien de la lice

2. Il est recommandé aux propriétaires de lices d'amener la chienne à saillir auprès du mâle soit personnellement, soit par une tierce personne. Dans le cas où une chienne demeurerait plusieurs jours chez le possesseur de l'étalon, tous les frais en résultant tels que: alimentation, hébergement, soins vétérinaires éventuellement ainsi que les dommages que la chienne viendrait à provoquer à l'installation d'élevage ou à l'habitation du possesseur de l'étalon, sont à charge du propriétaire de la chienne. Le transport de retour de la chienne s'effectue aux frais de son propriétaire.

Responsabilités

3. En conformité avec les dispositions légales ayant cours dans différents pays, est responsable des dommages pouvant être causés par l'animal, la personne qui, au moment du dommage, assure l'hébergement et les soins de l'animal.
Dans le cas où la chienne demeure un ou plusieurs jours sous surveillance du possesseur de l'étalon, ce dernier est considéré, de par la loi, comme la personne assumant la garde de l'animal, et de ce fait, est responsable des dommages que sa chienne pourrait occasionner à des tierces personnes.
Le possesseur (personne assumant la garde) de l'étalon doit tenir compte de ce qui précède, lors de la conclusion d'un contrat d'assurances personnel en responsabilité civile.

Décès de la chienne

4. Dans le cas où la chienne viendrait à décéder pendant son séjour chez le possesseur de l'étalon, ce dernier s'oblige, à ses frais, à faire constater le décès et sa cause par un médecin vétérinaire.
Il informe, de la manière la plus rapide possible, le propriétaire de la chienne, du décès et sa cause.
Dans le cas où le propriétaire désirerait voir la chienne décédée, il ne peut s'y refuser.
Dans le cas où le décès serait occasionné par la faute du possesseur de l'étalon, ce dernier est tenu à prestation de dommages et intérêts envers le propriétaire de la chienne.
Dans le cas où aucune faute ne peut lui être reprochée, il appartient au propriétaire de la chienne de rembourser au possesseur de l'étalon tous les frais en corrélation avec le décès de la chienne.

Choix de l'étalon

5. Le possesseur de l'étalon s'oblige à ne faire saillir la lice que par l'étalon prévu, à l'exclusion de tout autre. Dans le cas où l'étalon ne procéderait pas à la saillie, la lice ne peut être mise en rapport avec un autre étalon qu'avec l'accord du propriétaire. De toute façon, il est interdit de laisser saillir une lice par deux ou plusieurs étalons pendant ses mêmes chaleurs.

Saillie erronée

6. Dans le cas où il y aurait accidentellement, mais non intentionnellement, une saillie par un étalon autre que celui convenu, le possesseur de l'étalon qui a pris la lice sous sa garde est obligé de rembourser au propriétaire de la lice tous les frais occasionnés par cette saillie erronée.
Après une saillie non intentionnelle par un étalon autre que celui prévu, il est interdit de procéder à une nouvelle saillie avec l'étalon qui avait été prévu à cet effet. Le propriétaire de l'étalon ne peut en aucun cas, pour une telle saillie, prétendre imposer des obligations financières à l'encontre du propriétaire de la lice.

Attestation de saillie

7. Le propriétaire de l'étalon certifie, par la rédaction d'une attestation, de l'exécution correcte de la saillie. Il confirme, en apposant sa signature sur le document, qu'il a été temoin oculaire de la saillie.
Pour le cas où les services tenant le Livre des origines d'un pays où la portée doit être enregistrée prévoient certains formulaires spéciaux, il appartient au propriétaire de la lice de se les procurer, de les remplir correctement et de les présenter à la signature du possesseur de l'étalon. Cette attestation doit contenir obligatoirement les renseignements suivants:

— nom et numéro d'inscription au Livre des origines de l'étalon;
— nom et numéro d'inscription au Livre des origines de la lice;
— nom et adresse du possesseur de l'étalon;
— nom et adresse du propriétaire de la lice au moment de la saillie, éventuellement, la date d'acquisition de la lice;
— lieu et date de la saillie;
— signature du possesseur de l'étalon ainsi que du propriétaire de la chienne;
— dans le cas où les services tenant le Livre des origines exigent, pour l'inscription des chiots, une photocopie certifiée conforme ou un extrait certifié conforme du pedigree, il appartient au possesseur de l'étalon, de remettre à titre gratuit ces documents, à la disposition du propriétaire de la lice.

Dédommagement pour la saillie

8. Il est recommandé au possesseur de l'étalon, de ne signer l'attestation de saillie qu'après paiement du prix préalablement fixé pour la saillie. Une rétention de la lice en tant que gage n'est toutefois pas permise.
9. Si l'étalon dont il a été convenu ne procède pas à la saillie, pour quelque raison que ce soit ou parce que la lice ne se laisse pas saillir, faisant que la saillie n'a pas été effectivement exécutée, le possesseur de l'étalon n'en garde pas moins le droit aux dédomma-

gements prévus à l'article 2, mais ne peut prétendre au prix convenu pour la saillie.

10. Pour ce qui concerne la descendance de l'étalon, le possesseur de l'étalon n'a pas droit, vis-à-vis du propriétaire de la lice, à des dédommagements autres que ceux prévus pour la saillie.

Il n'a aucun droit de se faire remettre un chiot sauf si le propriétaire de l'étalon désire en garder un pour son propre élevage, sous condition de ne pas le vendre.

Lorsque les parties se sont mises d'accord pour la remise d'un chiot en tant qu'indemnité pour la saillie, cet accord doit alors être formulé par écrit et avant la saillie.

Dans un tel accord, les points suivants doivent absolument être précisés et respectés:

— le moment du choix du chiot par le propriétaire de l'étalon;
— le moment de la remise du chiot au possesseur de l'étalon;
— le moment à partir duquel le droit au choix par le possesseur de l'étalon est irrévocablement prescrit;
— le moment à partir duquel le droit de prise est irrévocablement prescrit;
— le règlement des frais du transport;
— les accords spéciaux pour le cas où la lice ne met bas que des chiots mort-nés ou qu'un seul chiot vivant ou pour le cas où le chiot choisi viendrait à décéder avant la remise.

La lice demeure vide

11. Après une saillie exécutée correctement, on considère que l'étalon a satisfait à ses obligations, et que les conditions pour avoir droit au dédommagement convenu sont remplies.

Elles ne constituent pas une garantie quant au fait que la lice soit pleine. Il est laissé à l'appréciation du propriétaire de l'étalon, lorsque la lice demeure vide, soit d'accorder à une prochaine chaleur de cette dernière une nouvelle saillie à titre gratuit, soit de rembourser une partie de l'indemnité obtenue pour la saillie. Un tel accord doit être fixé par écrit avant la saillie, dans le contrat de saillie.

Le droit convenu à une saillie gratuite s'éteint toutefois, en principe, au décès de l'étalon ou lors du changement de possesseur de ce dernier ou avec le décès de la lice.

Insémination artificielle

12. En cas d'insémination artificielle de la lice, le docteur vétérinaire qui a recueilli le sperme de l'étalon doit certifier, à l'aide d'une attestation à remettre au service tenant le LOF où les chiots doivent être enregistrés, que le sperme émane bien de l'étalon dont il a été convenu. Par ailleurs, les attestations prévues à l'article 7 doivent être mises à la disposition du propriétaire de la lice par le possesseur de l'étalon, et à titre gratuit.

Tous les frais encourus pour recueillir le sperme sont à charge du propriétaire de la lice. Les frais relatifs à l'insémination sont également à charge du propriétaire de la lice.
Le docteur vétérinaire qui procède à l'insémination de la lice doit confirmer auprès des services tenant le Livre des origines, que la lice a bien été inséminée à l'aide du sperme provenant de l'étalon prévu pour la saillie. Dans cette attestation, il convient de faire figurer également le lieu et la date de l'insémination, le nom et le numéro d'inscription au Livre des origines de la lice, ainsi que le nom et l'adresse du propriétaire de la lice.
Le propriétaire de l'étalon fournissant le sperme doit délivrer au propriétaire de la lice, en plus de l'attestation fournie par le docteur vétérinaire, une attestation officielle de saillie.

Cession du droit d'élevage

13. On considère que le propriétaire de la lice, au moment de la saillie, est l'éleveur de la portée.
Le droit à l'utilisation de la portée d'une lice ou d'un étalon peut toutefois être transféré, par un accord contractuel, à une tierce personne. Un tel transfert doit, dans tous les cas, être attesté par écrit, avant la saillie projetée. Une telle cession du droit d'élevage constatée par écrit doit être déclarée à temps au service compétent du Livre des origines et, éventuellement, à l'association d'élevage compétente pour cette race. Elle doit être jointe à la déclaration de la portée. Il convient de décrire très exactement dans la cession du droit d'élevage les droits et obligations des deux parties contractantes.
La tierce personne qui prend temporairement le droit d'élevage d'une lice est considérée comme le propriétaire de celle-ci, au sens du présent règlement, pour une période allant de la saillie jusqu'au moment du sevrage.

Inscription des chiots au Livre des origines

14. Sauf dispositions contraires, on considère que le nouveau propriétaire, lors d'une vente d'une chienne pleine, est automatiquement l'éleveur de la portée à venir. Les chiots sont inscrits au LOF du pays dans lequel le propriétaire de la lice a sa résidence habituelle et portent son affixe.
15. Les chiots sont inscrits, en principe, au Livre des origines du pays où le propriétaire de la lice a sa résidence habituelle. En cas de contestation, il doit obligatoirement produire une attestation de l'autorité tenant le registre des domiciles (résidences habituelles).
Des exceptions sont tolérées pour des éleveurs de chiens de race vivant dans un pays ne tenant aucun livre d'élevage reconnu par la FCI. Il est laissé à l'appréciation de ce dernier de procéder à l'inscription des chiots dans un livre d'élevage reconnu.

Les règlements d'élevage des pays membres

16. Les règlements d'élevage des pays membres ne peuvent contenir de dispositions qui seraient en contradiction avec le présent règlement d'élevage de la FCI.

Dispositions finales

Ce règlement remplace la «Coutume internationale d'élevage de Monaco» de l'année 1934.
En cas de divergence d'interprétation, le texte allemand est déterminant.
Adopté à l'Assemblée générale de la FCI des 11 et 12 juin 1979 à Berne (Suisse).

L'affixe

L'affixe est une dénomination qui s'ajoute au nom du chien et qui permet de savoir de quel élevage il provient. Pour obtenir un affixe il importe à l'élevage d'en faire la demande auprès du président du club qui gère la race, soit la RACP en proposant 4 noms différents par ordre de préférence. Il appartient au président d'accepter ou non la demande d'affixe. Le demandeur doit justifier d'une certaine expérience, maintenir une certaine qualité et se justifier. Enfin il doit se soumettre aux contrôles d'élevage de la SCC.

Le demandeur joint à sa demande son règlement soit, en 1989, 500 F. Le président transmet la demande à la SCC qui fait les vérifications nécessaires et transmet à son tour à la FCI. Une fois l'affixe accordé il ne peut être modifié. En revanche il peut être cédé ou transmis sous réserve de l'accord de la SCC.

Pour le malheur de leurs maîtres, de beaux chiens disparaissent. Seuls quelques clichés en redonnent parfois la nostalgique image

L'achat d'un chiot

Le choix

C'est décidé, vous aurez un berger des Pyrénées. Vous avez fait le tour du problème et c'est, tant au physique qu'au moral, le type de chien qui semble le mieux vous convenir. Comment procéder pour acquérir un chiot de qualité?
Choisir un chien de race implique qu'on ait quelques connaissances minimums. En particulier son standard et son caractère. Muni de ces connaissances essentielles vous risquez moins de tomber dans les nombreux pièges qui sont tendus au néophyte. Le marché du chien est actuellement presqu'à son apogée. En ce qui concerne le berger des Pyrénées, c'est devenu ces dernières années un chien à la mode. A tel point qu'on a pu observer une expansion inconsidérée de son élevage, production intensive qui ne va pas toujours de pair avec la qualité. Pourtant la qualité existe si on veut bien se donner la peine de la rechercher.
On trouve actuellement des chiots bergers des Pyrénées partout: dans les petites annonces des journaux, spécialisés ou non, sur les tableaux d'affichage des cabinets vétérinaires, dans les magasins spécialisés, dans des chenils professionnels, chez les amis et chez les éleveurs, dans les foires aux chiens. Comment s'y reconnaître?
A notre connaissance il n'y a qu'une façon de faire le bon choix: s'adresser en premier lieu au club qui régit la race, en l'occurence la Réunion des amateurs de chiens pyrénéens. Les éleveurs qui adhèrent à cette association s'engagent à assurer une production de chiots de qualité. De plus en participant aux expositions canines ils permettent au public de pouvoir mieux apprécier la qualité de leurs reproducteurs. Engager un chien en exposition, c'est malgré tout prendre un certain risque.
La RACP fournit à tous les demandeurs de chiots une liste des éleveurs adhérant à son association sur toute la France. Néanmoins tout le travail de recherche ne s'arrête pas là. Tout dépend évidemment de ce que l'on désire. La plupart de ces éleveurs peuvent fournir un bon chiot. Mais il est impossible qu'ils vous cèdent systématiquement de la «graine de champion»! Sinon la réussite en élevage serait à la portée de tous.

La Société centrale canine adresse également à tous les demandeurs de chiots une liste par région des portées disponibles. Tout éleveur porteur d'une affixe peut figurer sur les listings de la SCC quelle que soit la qualité de son élevage. On trouve donc de tout, l'attribution d'affixe ne signifiant pas obligatoirement qualité.
Les éleveurs proposent souvent leur production par le biais des petites annonces. Comme dans les cas précédents, il appartient au demandeur de faire sa petite enquête avant de se laisser séduire par un chiot. Ces annonces peuvent être ou non dignes de foi.
Les chenils et magasins spécialisés font depuis une dizaine d'années de la revente de chiots bergers des Pyrénées. La plupart du temps ces chiots

Joujou de l'Orinclois, face-rase de 4 mois

sont cédés sans certificat d'origine et souvent beaucoup plus cher que chez un éleveur sérieux. Il faut savoir également que ces chiots, même si l'on vous dit qu'ils viennent directement des Pyrénées, ne sont pas sélectionnés sur les meilleurs critères, et qui sait ce que deviendra le mignon petit chiot poilu?

Il reste la production des particuliers, amis ou clients des cabinets vétérinaires. La plupart du temps ce sont certainement des chiots désirés sentimentalement par les propriétaires de la chienne. A leur avantage, le fait d'avoir été certainement bien entourés depuis leur naissance. Mais là aussi, la sélection peut laisser à désirer.

A titre indicatif, en 1989, un chiot berger des Pyrénées de trois mois, vacciné, tatoué, oreilles et queue écourtées, vendu avec un certificat de naissance officiel (émanant de la Société centrale canine) est cédé de 2 500 F à 3 500 F selon ses qualités apparentes et celles de ses ascendants.

Les papiers

Une fois que vous avez choisi votre futur chiot par l'un des procédés énumérés ci-dessus, le vendeur doit vous remettre au moment de l'achat les «papiers» de votre chiot.

Le certificat de vente

Toute personne, professionnelle de l'élevage ou non, doit remettre à l'acheteur un *certificat de vente* qui mentionne la date, le prix de la transaction, le nom et l'adresse d'un vétérinaire choisi en commun, qui pourra constater une éventuelle maladie (maladie de Carré ou hépatite contagieuse). Si dans les quinze jours suivant l'achat, le chiot est déclaré atteint de l'une de ces maladies, la vente s'avère nulle et le vendeur doit rembourser intégralement l'acheteur. Attention, certains vendeurs mal intentionnés proposent un autre chiot pour compenser la perte du premier. Or la loi indique que l'acheteur a droit au remboursement dans la mesure où il a intenté une action en nullité de vente dans le délai d'un mois à dater de la livraison du chiot.

Le certificat de naissance

Tous les chiots issus de parents inscrits au LOF ou à titre initial peuvent prétendre à être eux-mêmes inscrits au LOF ou au Registre initial. Pour cela, il importe que les propriétaires de la chienne et de l'étalon aient fait parvenir à la Société centrale canine tous les formulaires relatifs à la saillie puis à la naissance et au tatouage des chiots, et ceci dans les délais impartis. A leur réception et après un délai qui est parfois long, la Société centrale canine renvoie à l'éleveur les certificats de naissance de ses chiots, qui sont aux yeux de la loi les seules preuves officielles de l'appartenance du chiot à la race annoncée. Lorsque pour une raison quelconque l'éleveur n'est pas encore en possession des certificats de naissance de ses chiots au moment de leur cession, il se doit d'indiquer sur les certificats de vente cette mention: «*Sous réserve d'obtention du certificat de naissance*», ce qui représente une garantie supplémentaire pour l'acheteur.

La demande de confirmation

Gardez-la précieusement, elle vous sera utile lorsque votre chiot berger des Pyrénées aura atteint l'âge de la confirmation soit douze mois. Après présentation du chien devant un juge au cours d'une séance de confirmation ou d'une exposition canine et après obtention de la mention «apte», il suffit de retourner cette demande dûment remplie à la Société centrale canine. Cette dernière inscrit définitivement le chien au LOF et le propriétaire reçoit en retour le pedigree officiel du chien.
Les frais de pedigree incombent toujours au nouveau propriétaire. Il est impératif de refuser toute vente de chiots mentionnant un supplément de prix pour le pedigree.

La carte de tatouage

Tout chiot inscrit au LOF est nécessairement tatoué au moment de la vente. Le vendeur doit donc remettre à l'acheteur la carte de tatouage du chiot. Celui-ci devra sans plus attendre la renvoyer à la Société centrale canine en indiquant son nom et son adresse afin que la SCC puisse en établir une nouvelle avec ses coordonnées. Aux yeux de la loi, la carte de tatouage est le seul titre de propriété d'un chien. Si l'acheteur n'effectue pas cette démarche, le chiot reste la propriété de l'éleveur. A chaque changement de propriétaire il importe donc de faire modifier la carte de tatouage.

Bien que l'éleveur n'en ait aucune obligation, il est conseillé d'acquérir un chiot qui a déjà reçu une primo-vaccination si on décide de le prendre avant l'âge de deux mois et entièrement vacciné passé deux mois. Attention, un chiot qui n'a reçu qu'une primo-vaccination n'est pas encore à l'abri des virus (maladie de Carré, hépatite de Rubarth, leptospirose, parvovirose). On devra éviter jusqu'à la vaccination complète de le mettre en contact avec d'autres chiens.
Enfin, la plupart des éleveurs sérieux donnent au nouveau propriétaire une feuille de conseils d'entretien et d'éducation. Si le vôtre ne le fait pas spontanément, n'hésitez pas à lui poser toutes les questions que vous désirez. Un éleveur qui se veut sérieux n'est pas un «marchand de chiens». C'est quelqu'un qui aime les chiens, et plus encore la race qu'il élève, et qui met avec plaisir ses connaissances au service de sa «clientèle» pour le mieux-être de sa production.

La RACP

Fonctions et structures

La Réunion des amateurs de chiens pyrénéens préside aux destinées des deux races pyrénéennes: le berger et le montagne, depuis 1920. Depuis 1986 elle veille également aux intérêts en France du Gos d'Atura Català (cousin de notre petit berger) et du Pero Mastin del Pirineo (cousin proche du montagne des Pyrénées).
Cette association Loi 1901 est affiliée à la Société centrale canine et reconnue d'utilité publique.
La RACP a pour objet d'améliorer les races dont elle a la responsabilité, d'en encourager l'élevage, de contribuer à sa promotion et de développer son utilisation. A cet effet la RACP dispose des moyens d'action suivants.

1. Etablir, publier et diffuser, après homologation par la SCC, le standard officiel de la race. Y apporter ultérieurement toutes modifications utiles après avis favorable de la Commission zootechnique de la SCC.
2. Etablir et diffuser des commentaires du standard à l'intention des juges et experts-confirmateurs.
3. Tenir un répertoire des reproducteurs recommandés et des reproducteurs aptes au travail.
4. Etablir et soumettre à la Commission zootechnique de la SCC, la liste des points de non-confirmation de chacune des races.
5. Déterminer les tests destinés à contribuer à l'amélioration de chacune des races.
6. Former des juges de chacune des races, possédant les connaissances et les aptitudes voulues pour officier avec compétence, autorité et impartialité, tant en exposition qu'en épreuves d'utilisation, conformément au règlement des juges de la SCC.
7. Désigner chaque année les experts chargés de la confirmation de chacune des races, conformément au règlement des experts-confirmateurs de la SCC.
8. Etablir les programmes et organiser les examens pour les juges et les experts-confirmateurs conformément au règlement des experts-confirmateurs de la SCC.

9. Organiser des expositions spécialisées de ces races et des séances de confirmation, soit par elle-même, soit dans le cadre d'expositions canines toutes races. Patronner et soutenir chaque année quelques expositions canines toutes races françaises dont les juges de chacune des races auront été choisis par le comité.
10. Organiser pour le berger des Pyrénées, par elle-même ou avec le concours de la SCC ou de sociétés canines régionales affiliées, des épreuves d'utilisation.
11. Encourager la participation de ses adhérents aux expositions et aux épreuves d'utilisation. Créer des prix spéciaux à attribuer aux manifestations organisées en conformité avec les règlements de la SCC.
12. Organiser des concours de sélection de reproducteurs et reproductrices à l'occasion notamment d'expositions régionales et nationales d'élevage.
13. Assumer un rôle de conseil pour les inscriptions au LOF.
14. Vérifier les pedigrees qui pourraient lui paraître suspects.
15. Favoriser les relations entre adhérents, les guider dans l'élevage.
16. Publier, selon les possibilités financières de l'association, un bulletin périodique traitant essentiellement des sujets susceptibles de faire connaître et apprécier la race et permettant aux éleveurs de parfaire leurs connaissances.
17. Envoyer gratuitement le bulletin périodique publié par l'association aux juges en exercice de la race.
18. Mettre en œuvre tous les moyens de propagande utiles pour aider à la vulgarisation de la race.

La RACP est administrée par un comité composé de douze membres élus parmi les membres constituant l'assemblée générale, au scrutin secret, à la majorité relative. Chaque administrateur est élu pour six ans, le comité se renouvelant tous les trois ans par moitié. Pour être éligible au comité, il faut être français, majeur, jouir de ses droits civiques et être membres de l'association depuis trois ans. Les fonctions des membres du comité sont gratuites. Les membres du comité élisent à chaque renouvellement statutaire un bureau composé d'un président, de deux vice-présidents, d'un secrétaire, d'un trésorier. Le comité se réunit aussi souvent que l'exigent les intérêts de l'association et au minimum deux fois par an.

L'association se compose de membres (actifs, bienfaiteurs ou d'honneur) qui acquittent une cotisation annuelle fixée par le comité.

Chaque année l'association se réunit en assemblée générale lors de son exposition nationale d'élevage.

En 1989, la RACP réunit plus de 1 300 membres répartis tant en France qu'à l'étranger et jusqu'au Japon, en Afrique, en Amérique et en Australie.

L'expression rieuse de Tarquin le Superbe , 1er CAC en 1985

Tête typique de Muscadin, prop. M. Mansencal

Selva de l'Estaubé, prop. M. Rothruss

Un splendide arlequin: Roumassot de l'Estaubé. Prop. M. Duchateaux

Comité directeur (1989)

Présidentes d'honneur:
Madame Frei
Mademoiselle Lamazou Betbeder

Président:
Monsieur Guy Mansencal

Vice-Présidents:
Dr Giralt
Monsieur Douillard

Secrétaire et Trésorier:
Monsieur Alain Pécoult

L'exposition nationale d'élevage

Chaque année la Réunion des amateurs de chiens pyrénéens organise une Exposition nationale d'élevage. Elle a lieu tous les deux ans dans les Pyrénées. Elle est ouverte à tous les propriétaires de chiens de berger ou de montagne des Pyrénées, de Gos d'Atura et de Mastin de los Pirineos.
Le but de cette exposition est de rechercher des sujets bien typés et bien équilibrés, ayant suffisamment de qualités apparentes pour faire de bons reproducteurs. C'est au cours de cette Nationale que sont attribués les titres de reproducteur recommandé, d'Elite A ou d'Elite B. Tous les chiens, âgés d'au moins six mois peuvent y participer. Ils doivent être en bonne santé, posséder un certificat de naissance ou un pedigree définitif délivré par la SCC, ou être inscrits à un Livre d'origines étranger reconnu par la Fédération Cynologique Internationale (FCI), ou encore, s'ils sont présentés à l'examen de confirmation à titre initial, être tatoués et inscrits au fichier central de la SCC.

Autres concours

Parallèlement la RACP organise des expositions régionales d'élevage dont le règlement est identique à celui de la Nationale d'élevage.
La RACP dote les expositions canines spéciales ou patronnées de récompenses destinées aux lauréats.
Enfin, ont été créés des challenges destinés à stimuler l'émulation parmi les éleveurs et les propriétaires de bergers des Pyrénées.

• Le **Challenge Sabouraud,** attribué lors de la Nationale d'élevage annuelle, à l'élevage ayant obtenu trois années consécutives le titre de meilleur lot d'élevage.

• Le **Challenge Sénac-Lagrange** attribué lui aussi lors de la Nationale d'Elevage, au chien ayant été nommé «meilleur de race». Ce challenge revient définitivement au chien l'ayant gagné trois fois. Un challenge identique récompense le meilleur chien de travail sur troupeau.

• Le **Challenge Moras-Ubac de l'Oustaou de Padel** est destiné à encourager les propriétaires de chiens pyrénéens à faire quelque chose avec leur compagnon, et plus particulièrement des concours de pistage.

• Le **Challenge Moras-Lily du Boulleaume** est attribué chaque année au chien ayant obtenu le plus grand nombre de points sur trois concours sur troupeaux.

Réunion des amateurs de chiens pyrénéens

Président:
Monsieur Guy Mansencal
25, rue Fléming - 65000 Tarbes
T. 62.93.66.05

Secrétaire-Trésorier:
Monsieur Alain Pécoult
La Campanette
84460 Cheval Blanc - T. 90.78.29.63

Lutin, Mouche et Ullia, trio sulfureux du début des années trente

Les champions

Il nous a paru intéressant d'établir la liste des chiens qui se sont distingués en expositions de championnat de France et en expositions nationales d'élevage depuis la création de ces dernières.

Dans la mesure du possible nous avons donné les noms des géniteurs de ces chiens, le nom du père étant donné en premier.

D'autres chiens ont évidemment mené une brillante carrière dans d'autres expositions, que leurs propriétaires ne nous tiennent pas rigueur de ne pas les avoir cités ici. Cependant il ne faut pas négliger le fait qu'une exposition nationale d'élevage se veut le reflet de l'élevage à un moment précis. On retrouvera parmi ces lignes quelques grands géniteurs qui ont marqué leur époque.

Abréviations

CAC: certificat d'aptitude au championnat.

CACIB: certificat d'aptitude au championnat international de beauté.

RCAC: réserve du certificat d'aptitude au championnat.

RCACIB: réserve du certificat d'aptitude au championnat international de beauté.

NB. Depuis 1985 les titres CAC et RCAC ont été transformés en CACS: certificat d'aptitude au championnat national de conformité au standard, le RCACS étant sa réserve. Ceci afin de rappeler à chacun que la beauté d'un chien de race tient à sa conformité au standard avant tout.

1981

Championnat de Paris

Bergers (museau normal)

- COM:

1er CAC/CACIB: **Pastoureau** (Soulor de l'Estaubé — U'Miquette), prop. M. Pécoult

2e RCAC/RCACIB: **Pierrot Bleu de l'Estaubé** (Muscadin — O'Estaubé), prop. Mlle de Saint Anthost

3e Exc.: **Nettou** prop. Mme Assibat

4e Exc.: **Mizou de l'Ourdissetou** (Uski de l'Ourdissetou — Iane de l'Ourdissetou), prop. M. Guyard

- COF:

1er CAC/CACIB: **Néou de l'Orinclois** (Hivago du Hic — Sybine de l'Orinclois), prop. Mme Létisse

2e RCAC/RCACIB: **Puce** (Néou — Isaby), prop. M. Amaré

3e Exc.: **Planette de Campbiel** (Mizou de l'Ourdissetou — Ita du Boulleaume), prop. M. Guyard

4e Exc.: **Nubie des Clausis** (Ussor du Hic — Vénus), prop. M. Chéron

Bergers face-rase

- COF:

1er CAC/CACIB: **Pyrène**, prop. Mme Assibat

1re Spéciale d'élevage — Poitiers

Bergers (museau normal)

- COM:

1er CAC/CACIB: **Nettou**, prop. Mme Assibat

2e RCAC/RCACIB: **Proust de la Dame de Fer** (Nietzsche de la Dame de Fer — Liane), prop. Mlle Morin

3e Exc.: **Ohara du Clos des Hortioux** (Irun de l'Estaubé — Itaque du Quérille), prop. M. Linarès

4e Exc.: **Ouessant** (Mak des Transhumants — Fanny), prop. M. Lécuyer

- COF:

1er CAC/CACIB: **Orphée de Son Sonnette** (Vaillant de l'Estaubé — Vénus de Fleurac), prop. M. Decellas

2e Exc.: **Pénélope** (Nietzsche de la Dame de Fer — Lola Montés de la Grézette), prop. M. Bardelli

3e Exc.: **Oriane d'Ar Gov** (Mika du Hic — Iane d'Ar Gov), prop. M. Le Goff

4e Exc.: **Omega des Genins** (Luk de l'Ourdissetou — Muscade des Genins), prop. M. Chantoury

Bergers face-rase

- COM:

1er CAC/CACIB: **Pirate du Pic de Marboré** (Nettou — Junia du Pic de Marboré), prop. Mlle Fourcade

Ci-dessus, champion en 1981, Muscadin, étalon fameux de l'élevage de M. Mansencal

Viscos, 2e RCAC en 86, 1er CACIB en 87. Prop. M. Dupat

Volta du Grand Bounet, primée en 1988, prop. M. Amarē

• CTM:

RCAC/RCACIB: **Garou de Lugort** (Joujou de l'Orinclois — Vanesse du Hic), prop. M. Abbet

• COF:

1er Exc.: **Pyrène,** prop. Mme Assibat
2e Exc.: **Néva de la Roche Ryan** (Ladoga — Lady), prop. M. Person

• CTF:

1er CAC: **Karika de Lugort** (Drex dell'Anty — Vanesse du Hic), prop. Mlle Faucillon

1982

Championnat de Paris

Bergers (museau normal)

• COM:

1er CAC/CACIB: **Roumassot de l'Estaubé** (Orme — Paille de l'Estaubé), prop. M. Duchateaux

2e RCAC/RCACIB: **Rouskoff** (Piariouy — Nika du Mont Kerchouan), prop. M. Lécuyer

3e Exc.: **Ravin** (Orme — Lorca), prop. M. Person

4e Exc.: **Pyrgouss de l'Estaubé** (Urdos de l'Estaubé — Técla du Fys), prop. M. de Félice

• COF:

1er CAC/CACIB: **Pyrène de l'Estaubé** (Muscadin — O'Estaubé), prop. M. Bellegarde

2e RCAC/RCACIB: **Ranie II de la Grézette** (Lagor de la Grézette — Jodelle de la Grézette), prop. Mme Rispe

3e Exc.: **Néou de l'Orinclois** (Ivago du Hic — Sybine de l'Orinclois), prop. Mme Létisse

4e Exc.: **Puce** (Novik — Nana du Mont Kerchouan), prop. Mme Béthune

2e Exposition nationale d'élevage — Bagnères de Bigorre

Bergers (museau normal)

• COM:

1er CAC: **Muscadin** (Urdos de l'Estaubé — Loule), prop. M. Mansencal

2e RCAC: **Rouskoff** (Piarrouy — Nika du Mont Kerchouan), prop. M. Lécuyer

3e Exc.: **Dorian Gray vom Wunderhorn** (Orme — Nonette), prop. Dr Etta Candiani

4e Exc.: **Pollux** (Nousty de l'Ourdissetou — Mouchette de l'Ourdissetou), prop. Mme Clavères

• CCHM:

1er Exc.: **Versant de l'Estaubé** (Soulor de l'Estaubé — Oulette de Boun Néou), prop. Dr Candiani

2e Exc.: **Madiran de l'Estaubé** (Urdos de l'Estaubé — Oulette de Boun Néou), prop. Mme Krenz

• COF:

1er CAC, meilleur berger: **Isba** (Urdos de l'Estaubé — Queyrat), prop. M. Mansencal

2e RCAC: **Néou de l'Orinclois** (Ivago du Hic — Sybine de l'Orinclois), prop. Mme Létisse

3e Exc.: **Railhère de l'Estaubé** (Muscadin — Ibarolle de l'Estaubé), prop. M. Mansencal

4e Exc.: **Navaille** (Urdos de l'Estaubé — Loule), prop. M. Clermont

• CTF:

1er Exc.: **Princesse** (Nistoun des Espautières — Nika du Mont Kerchouan), prop. M. Maridet

Bergers face-rase

• COM:

1er CAC: **Pirate du Pic de Marboré** (Nettou — Junia du Pic de Marboré), prop. Mlle Fourcade

2e RCAC: **Karri de Lugort** (Drex dell'Anty — Vanesse du Hic), prop. Mme Faucillon Vaucher

• COF:

1er CAC: **Pyrène**, prop. Mme Assibat

2e RCAC: **Navette de Lugort** (Noisette du Pic de Marboré — Nettou), prop. Mme Buschi

• CFT:

Karika de Lugort (Drex dell'Anty — Vanesse du Hic), prop. Mme Faucillon Vaucher

1983

Championnat de France-Strasbourg

Bergers (museau normal)

• COM:

1er CAC/CACIB: **Rouskoff** (Piarrouy — Nika du Mont Kerchouan), prop. M. Lécuyer

2e RCAC/RCACIB: **Romarin de l'Estaubé** (Orme — O'Estaubé), prop. M. Müller

3e Exc.: **Paréac de l'Ornière** (Madiran — Lhéris de l'Estaubé), prop. Mlle Faber

4e Exc.: **Aslan Ginsterberg** (Junior de Son Sonnette — Isabelle dell'Anty), prop. M. Steidle

• COF:

1er CAC/CACIB: **Ribambelle** (Orme — Lorca), prop. Mme Allavena

2e RCAC/RCACIB: **Framboise des Touffes** (Nadjy de Canrom — Tiourette de la Dame de Fer), prop. M. Carton de Tournai

3e Exc.: **Ranie II de la Grézette** (Lagor — Jodelle de la Grézette), prop. Mme Rispe

4e Exc.: **Ondine du Clos des Hortioux** (Irun de l'Estaubé — Isola de Quérille), prop. M. Esch

Bergers face-rase

• COM:

1er CAC/CACIB: **Soum du Pic de Marboré** (Nettou — Orée), prop. Mme Assibat

2e RCAC/RCACIB: **Tourmalet Bleu de l'Estaubé** (Muscadin — Réglisse de l'Estaubé), prop. Mme Person

• COF:

1er CAC/CACIB: **Tarbis de l'Estaubé** (Romarin — Rouye de l'Estaubé), prop. M. Lodewijckx

2e RCAC: **Pyrène**, prop. Mme Assibat

3e Exc.: **Karika de Lugort** (Drex dell'Anty — Vanesse du Hic), prop. Mme Faucillon Vaucher

4e Exc.: **Taven de Lugort** (Garou — Karika de Lugort), prop. Mme Faucillon Vaucher

3ᵉ Exposition nationale d'élevage — Poitiers

Bergers (museau normal)

• COM:

1er CAC: **Sarrat de l'Estaubé** (Orme — Izeste), prop. M. Mansencal

2e RCAC: **Rouskoff** (Piarrouy — Nika du Mont Kerchouan), prop. M. Lécuyer

3e Exc.: **Roumassot de l'Estaubé** (Orme — Paille de l'Estaubé), prop. M. Duchateaux

4e Exc.: **Sully du Pectens Veneris** (Orme — Peyrette), prop. M. Quillat

• CCHM:

1er Exc.: **Pomy de l'Ornière** (Madiran de l'Estaubé — Lhéris de l'Estaubé), prop. Mme Buelens Moortgat

• COF:

1er CAC: **Réglisse de l'Estaubé** (Orme — O'Estaubé), prop. M. Mansencal

2e RCAC: **Sandra** (Piarrouy — Nika du Mont Kerchouan), prop. M. Lécuyer

3e Exc.: **Ribambelle** (Orme — Lorca), prop. Mme Allavena

4e Exc.: **Pyrène de l'Estaubé** (Muscadin — O'Estaubé), prop. M. Bellegarde

Bergers face-rase

• COM:

1er CAC, meilleur berger: **Tourmalet Bleu de l'Estaubé** (Muscadin — Réglisse de l'Estaubé), prop. M. Person

• COF:

1er Exc.: **Taven de Lugort** (Garou de Lugort — Marika de Lugort), prop. Mme Faucillon Vaucher

1984

Championnat de France — Orléans

Bergers (museau normal)

• COM:

1er CAC: **Roumassot de l'Estaubé** (Orme — Paille de l'Estaubé), prop. M. Duchateaux

2e RCAC: **Tartas de l'Estaubé** (Muscadin — O'Estaubé), prop. M. Ravier

3e Exc.: **Ouset** (Urdos de l'Estaubé — Ina de l'Arrioutor), prop. M. Sabé

4e Exc.: **Tilleul du Bois du Naud** (Proust de la Dame de Fer — Reinette du Clos des Hortioux), prop. M. Klotz

• COF:

1er CAC/CACIB: **Silène du Pectens Veneris** (Orme — Peyrette), prop. M. Duchateaux

2e RCAC/RCACIB: **Urielle des Aratilles** (Sully du Pectens Veneris — Nany), prop. M. Person

3e Exc.: **Pyrène de l'Estaubé** (Muscadin — O'Estaubé), prop. M. Bellegarde

4e Exc.: **Réole de l'Estaubé** (Orme — Paille de l'Estaubé), prop. Mme Casteran

Bergers face-rase

• COM:

1er CAC/CACIB: **Tourmalet Bleu de l'Estaubé** (Muscadin — Réglisse de l'Estaubé), prop. M. Person

4e Exposition nationale d'élevage — Lacommande

Bergers (museau normal)

• COM:

1er CAC: **Roumassot de l'Estaubé** (Orme — Paille de l'Estaubé), prop. M. Duchateaux

2e RCAC: **Rouskoff** (Piarrouy — Nika du Mont Kerchouan), prop. M. Lécuyer

3e Exc.: **Néou** (Ivago du Hic — Volta), prop. M. Amaré

4e Exc.: **Tartas de l'Estaubé** (Muscadin — O'Estaubé), prop. M. Ravier

• COF:

1er CAC et meilleur berger: **Ribambelle** (Orme — Lorca), prop. Mme Allavena

2e RCAC: **Savane** (Néou — Roquepine), prop. M. Amaré

3e Exc.: **Spinelle des Aratilles** (Pierrot Bleu de l'Estaubé — Octa du Clos des Hortioux), prop. M. Londeix

4e Exc.: **Pyrène de l'Estaubé** (Muscadin — O'Estaubé), prop. M. Bellegarde

Bergers face-rase

• COM:

1er CAC: **Tourmalet Bleu de l'Estaubé** (Muscadin — Réglisse de l'Estaubé), prop. M. Person

2e RCAC: **Soum du Pic de Marboré** (Nettou — Orée), prop. Mme Assibat

• COF:

1er CAC: **Tarbis de l'Estaubé** (Romarin de l'Estaubé — Rouye de l'Estaubé), prop. M. Lodewijckx

2e RCAC: **Tolosane Bleue du Pic de Marboré** (Romarin de l'Estaubé — Soumise), prop. Mme Reilhac

Ribambelle, championne en 83 et en 85. Prop. Mme Allavena

1985

Championnat de France — Lyon

Bergers (museau normal)

• COM:

1er CAC/CACIB: **Tarquin le Superbe** (Orme — Puce), prop. M. Mansencal

2e RCAC: **Ubac de l'Oustaou de Padel** (Tucoulou de l'Estaubé — Sariette de l'Odp), prop. M. Domage

3e Exc.: **Gaston Phœbus vom Wunderhorn** (Ibar dell'Anty — Juillane de la Fontaine Mitou), prop. M. Gerd Beine

4e Exc.: **Uz de l'Estaubé** (Sarrat de l'Estaubé — Isba), prop. Mme Raveau

• COF:

1er CAC/CACIB et meilleur de race: **Temporelle** (Orme — Lorca), prop. M. Mansencal

2e RCAC/RCACIB: **Ribambelle** (Orme — Lorca), prop. Mme Allavena

3e Exc.: **Thoune du Col de Gratteloup** (Nicki — Ribambelle), prop. Mme Allavena

4e Exc.: **Tiphaine d'Ar Gov** (Ravin — Oriane d'Ar Gov), prop. M. Le Goff

Bergers face-rase

• COF:

1er Exc.: **Tolosane Bleue du Pic de Marboré** (Romarin de l'Estaubé — Soumise), prop. Mme Reilhac

5e Exposition nationale d'élevage — Château Gontier

Bergers (museau normal)

• COM:

1er CAC: **Surin du Pectens Veneris** (Orme — Peyrette), prop. Mme Fralo

2e RCAC: **Ubac** (Muscadin — Puce), prop. M. Person

3e Exc.: **Roumassot de l'Estaubé** (Orme — Paille de l'Estaubé), prop. M. Duchateaux
4e Exc.: **Vodka** (Ravin — Riebka), prop. Mme Weitkumat

• COF:

1er CAC: **Temporelle** (Orme — Lorca), prop. M. Mansencal

2e RCAC: **Julia vom Wunderhorn** (Romarin de l'Estaubé — Effi Briest vom Wunderhorn), prop. M. Kopernik

3e Exc.: **Viellestaubé** (Tarquin le Superbe — Navaille), prop. M. Denys

4e Exc.: **Railhère de l'Estaubé** (Muscadin — Ibarolle de l'Estaubé), prop. M. Mansencal

Vodka, primée en 85, prop. M. Weitkvnat

• CTF:

1er Exc.: **Tosca d'Ar Gov** (Ravin — Liane d'Ar Gov), prop. M. Lubineau

Bergers face-rase

• COM:

1er CAC: **Tourmalet Bleu de l'Estaubé** (Muscadin — Réglisse de l'Estaubé), prop. M. Person

2e RCAC: **Tobby** (Patoche — Pérette de l'Estaubé), prop. Mlle Rouchette

3e Exc.: **Soum du Pic de Marboré** (Nettou — Orée), prop. Mme Assibat

4e Exc.: **Vic des Bords du Vert** (Obélix — Narcisse de la Fontaine Mitou), prop. Mme Hainaut

• COF:

1er CAC: **Unique Bleue du Clos des Gervalines** (Tourmalet Bleu de l'Estaubé — Néva de la Roche Ryan), prop. Mme Agnus

2e RCAC: **Vence des Glyorels** (Tourmalet de l'Estaubé — Sandra), prop. M. Denys

3e Exc.: **Pyrène,** prop. Mme Assibat

4e Exc.: **Vanille du Grand Bestiolan** (Tartas de l'Estaubé — Tradition de l'Estaubé), prop. M. Kopernik

1986

Championnat de France — Nantes

Bergers (museau normal)

• COM:

1er CAC/CACIB: **Surin du Pectens Veneris**, prop. Mlle Fralo

2e RCAC/RCACIB: **Viscos**, prop. Mlle Bauduin Dupas

3e Exc.: **Satin**, prop. M. Jouan

4e Exc.: **Uzos du Pic d'Arbizon**, prop. M. Bahier

• COF:

1er CAC/CACIB: **Silhen**, prop. M. Bahier

2e RCAC/RCACIB: **Véga du Clos des Gervalines**, prop. M. Bezançon

3e Exc.: **Thémis du Pic d'Arbizon**, prop. M. Plaisy

4e Exc.: **Tulipe du Clos des Gervalines**, prop. M. Bonnet

Bergers face-rase

• COF:

1er CAC/CACIB: **Unique Bleue du Clos des Gervalines**, prop. Mme Agnus

6e Exposition nationale d'élevage — Rabastens-de-Bigorre

Bergers (museau normal)

• COM:

1er CAC: **Uzer** (Muscadin — Puce), prop. M. Amaré

2e RCAC: **Arrens** (Sarrat de l'Estaubé — Navaille), prop. M. Olive

3e Exc.: **Néou** (Ivago du Hic — Oméga de la Grézette), prop. M. Amaré

4e Exc.: **Urt** (Muscadin — Lorca), prop. M. Ronchail

• COF:

1er CAC et meilleure de race: **Villageoise** (Sarrat de l'Estaubé — Pâquerette de la Fontaine Mitou), prop. M. Nicolas

2e RCAC: **Taya du Pic d'Arbizon** (Orme — Mazères de l'Estaubé), prop. Mme Maillot

3e Exc.: **Valmy de Thomas de Garenne** (Tarquin le Superbe — Bergère), prop. M. Fourcade

4e Exc.: **Vallières de l'Estaubé** (Tarquin le Superbe — Railhière de l'Estaubé), prop. M. Duchateaux et Jean-Jean

Bergers face-rase

• COM:

1er CAC: **Soum du Pic de Marboré** (Nettou — Orée), prop. Mme Assibat

2e Exc.: **Talgo de la Grézette** (Lagor de la Grézette — Ullande de l'Ourdissetou), prop. Mme Koster

• COF:

1er CAC: **Tolosane Bleue du Pic de Marboré** (Romarin de l'Estaubé — Soumise), prop. Mme Assibat

1987

Championnat de France — Lille

Bergers (museau normal)

• COM:

1er CAC/RCACIB: **Arrens**, prop. M. Olive

2e RCAC: **Alpha II du clos des Gervalines**, prop. M. Gallou

3e Exc.: **Artus du Bois de Rouxmesnil**, prop. Mlle Zoller

4e TB: **Gaston Phœbus vom Wunderhorn**, prop. M. Beine

• CCHM:

1er CACIB: **Viscos**, prop. M. Dupas

• CTM:

1er Exc.: **Arnak**, prop. M. Chiosi

• COF:

1er CAC/CACIB et meilleure de race: **Valmy de Thomas de Garenne**, prop. M. Fourcade

2e RCAC/RCACIB: **Vramy de la Source des Chastelains**, prop. Mme Nell

3e Exc.: **Volga**, prop. M. Person

4e Exc.: **Tiphaine d'Ar Gov**, prop. M. Le Goff

7e Exposition nationale d'élevage — Bletterans

Bergers (museau normal)

• COM:

1er CAC: **Alari du Grand Bestiolan** (Tartas de l'Estaubé — Sorette), prop. M. Audibert

2e RCAC: **Voltage des Gambis** (Ulmus des Gambis — Unique des Glyorels), prop. M. Hoogervorst

3e Exc.: **Alpha II du Clos des Gervalines** (Messire de Son Sonnette — Sylène), prop. M. Gallou

4e Exc.: **Arrens** (Sarrat de l'Estaubé — Navaille), prop. M. Olive

• CTM:

1er Exc.: **Arnak** (Ubac — Tulipe du Clos des Gervalines), prop. M. Chiosi

2e Exc.: **Artagnan de la Bourguigne** (Tucoulou de l'Estaubé — Phalène des Espautières), prop. M. Oudin

3e Exc.: **Scaff**, prop. M. Gauge

• CCHM:

1er Exc.: **Carlo vom Ginsterberg** (D'Artagnan vom Wunderhorn — Isabelle dell'Anty), prop. M. Noetzel

2e Exc.: **Ubac de l'Oustaou de Padel** (Tucoulou de l'Estaubé — Sariette de l'Oustaou de Padel), prop. M. Domage

• COF:

1er CAC et meilleure de race: **Volga** (Ravin — Riebka d'Ar Gov), prop. M. Person

2e RCAC: **Mélisande vom Wunderhorn** (Sarrat de l'Estaubé — Nonette), prop. M. Greife

3e Exc.: **Ariège Bleue du Champ Bonnin** (Ravin — Unique Bleue du Clos des Gervalines), prop. Mme Agnus

4e Exc.: **Diva dell'Anty** (Dorian Gray vom Wunderhorn — Théa dell'Anty), prop. Dr. Candiani

• CTF:

1er Exc.: **Bip Bip des Corsaires de Thalassa** (Ubac de l'Oustaou de Padel — Véroia du Clos des Gervalines), prop. Mlle Poupet

Bergers face-rase

• COM:

1er CAC: **Azur de la Tomière** (Ribarrouy de l'Estaubé — Toccata in Blue de l'Estaubé), prop. Mme Nell

2e RCAC: **Tourmalet Bleu de l'Estaubé** (Muscadin — Réglisse de l'Estaubé), prop. M. Person

• COF:

1er RCAC: **Alès du Clos des Gervalines** (Ubac — Néva de la Roche Ryan), prop. M. Person

• CTF:

1er CAC: **Vaillière Bleue de Lugort** (Roumassot de l'Estaubé — Karika de Lugort), prop. Mme Faucillon Vaucher

1988

Championnat de France — Toulouse

Bergers (museau normal)

• COM:

1er CAC/CACIB et meilleur de race: **Cachou**, prop. Mme Guillaume

2e RCAC/RCACIB: **Uzer**, prop. M. Amaré

3e Exc.: **Aban de la Source des Chatelains**, prop. M. Leroy

4e Exc.: **Aulne du Col de Gratteloup**, prop. Mme Allavena

• COF:

1er CAC: **Volta du Grand Bounet**, prop. M. Amaré

2e RCAC: **Anères du Val Soannan**, prop. Mme Reilhac

3e Exc.: **Anoukx du Col de Gratteloup**, prop. Mme Allavena

4e Exc.: **Aoubère**, prop. Mme de Neckère

8e Exposition nationale d'élevage — Rabastens-de-Bigorre

Bergers (museau normal)

• COM:

1er CAC: **Alari du Grand Bestiolan**, prop. M. Audibert

2e RCAC: **Albret de l'Estaubé**, prop. Mme Solbes

3e Exc.: **Arbas de l'Estaubé**, prop. M. Duchateaux

4e Exc.: **Aban de la Source des Chatelains**, prop. M. Leroy

• CTM:

1er Exc.: **Ubac de l'Oustaou de Padel**, prop. M. Domage

2e Exc.: **Beroy**, prop. M. Monneveux

• CCHM:

Bijou dell'Anty, prop. Mlle Candiani

Onix dell'Anty, prop. M. Cerioni

• COF:

1er CAC et meilleure de race: **Anères du Val Soannan**, prop. Mme Reilhac

2e RCAC: **Volta du Grand Bounet**, prop. M. Amaré

3e Exc.: **Violette de l'Oustaou de Padel**, prop. M. Audibert

4e Exc.: **Avoine du Pic d'Arbizon**, prop. Mme Maillot

• CTF:

1er Exc.: **Violine**, prop. M. Holmière

Bergers face-rase

• COF:

1er CAC: **K'Agos du Val d'Arès**, prop. M. Denys

• COF:

1er CAC et meilleure de race: **Biche du Pic de Marboré**, prop. Mme Assibat

2e RCAC: **Vallières de l'Estaubé**, prop. M. Duchateaux

4 juin 1989

Championnat de France - Longchamp

Bergers face-rase

• COM:

CAC/CACIB: **K'Agos du Val d'Arès,** prop. M. et Mme Denys

RCAC/RCACIB: **Charlie,** prop. Mme Cloez

• COF:

CAC/CACIB, meilleure de race: **Chamalières du Val Soannan,** prop. Mme Reilhac

RCAC/RCACIB: **Biche** (à titre initial), prop. M. Pellieux

3e Exc: **Colombine Bleue du Champ Bonnin**, prop. Mme Agnus

Bergers museau normal

• CJM:

1er Exc.: **Darracq de l'Estom Soubiran,** prop. M. Ravier

• CTM:

1er Exc.: **Arnak,** prop. M. Chiosi

• COM:

CAC/CACIB, meilleur de race: **L' Adour du Val d'Arès,** prop. Mme Denys

RCAC/RCACIB: **Béarn de l'Estaubé,** prop. Mlle Ronchail

3e Exc.: **Alari du Grand Bestiolan,** prop. M. et Mme Audibert

4e Exc.: **Dandin de l'Estive,** prop. Mme Reilhac

Exc.: **César de l'Oustaou de Padel,** prop. Mme Pernette

• CJF:

1er TB: **Dauphiné du Val de l'Epars,** prop. M. Conan

• COF:

CAC/CACIB: **Beverly des Corsaires de Thalassa,** prop. M. et Mlle Poupet

RCAC/RCACIB: **Belise du Fief d'Esneval,** prop. M. Chéron

3e Exc.: **Volga,** prop. M. Blin

4e Exc.: **Douce du Pectens Veneris,** prop. M. Vallier

Exc.: **Cosette de la Tomière,** prop. M. Pellieux

10 juin 1990

Championnat de France - Longchamp

Bergers des Pyrénées (face-rase)

• COM:

CAC/CACIB: **Duc,** prop. M. Fourcade

RCAC/RCACIB: **K' Agos du Val d'Arès,** prop. M. Denys

• COF:

CAC/CACIB: **Chamalières du Val Soannan,** prop. Mme Reilhac

RCAC/RCACIB: **Dalhia de Thomas de Garenne,** prop. M. Fourcade

3e Exc.: **Chardon Bleu du Champ Bonnin,** prop. Mme Agnus

Bergers des Pyrénées (museau normal)

• COM:

CAC/CACIB: **Disney II du Clos des Gervalines,** prop. M. Denys

RCAC/RCACIB: **L'Adour du Val d'Arès,** prop. M. Denys

3e Exc.: **Campana,** prop. M. Pelleux

4e Exc.: **César de l'Oustaou de Padel,** prop. Mme Pernette

• CJM:

1er Exc.: **Défi Bleu du Clos des Gervalines,** prop. Mlle Lecomte

2B: **Eumée du Clos des Gervalines,** prop. M. Petitgras

• CJF:

1er Exc.: **Esterel de la Petite Saunerie,** prop. M. Blin

• COF:

CAC/CACIB: **Coumély des Pétuzous,** prop. M. Rispe. Meilleure de race

3e du 1er groupe, RCAC/RCACIB: **Anères du Val Soannan,** prop. Mme Reilhac

3e Exc.: **Bruzette du Vieil Echalier des Roberies,** prop. M. Dransart

4e Exc.: **Ariège Bleue du Champ Bonnin,** prop. Mme Agnus

Palmarès de la nationale 1989

Bergers mâles (museau normal)

• Classe junior jugée par M. Sénécat

002: **Darracq de l'Estom Soubiran,** prop. M. Raviers, TP, classé 1er Meilleur de sexe — Meilleur de race

003: **Duc de la Fontégude,** prop. M. Holmière

• Classe jeune jugée par M. Sénécat

005: **Dagobert,** prop. M. Ferrand, TB, classé 2e

• Classe ouverte jugée par M. Sénécat

019: **Bigor** (recommandé), prop. M. Amaré, CAC, Exc., classé 1er

016: **L'Adour du Val d'Arès** (recommandé), prop. M. Denys, RCAC, Exc., classé 2e

028: **Uzer** (élite B), prop. M. Amaré, Exc., classé 3e

009: **Dandin de l'Estive** (recommandé), prop. Mme Reilhac, Exc., classé 4e

• Classe travail jugée par M. Sénécat

029: **Clin d'œil** (coté 2 points), prop. M. Holmière, Exc., classé 1er

030: **Beroy** (recommandé), prop. M. Monneveux, Exc., classé 2e

Bergers femelles (museau normal)

• Classe puppy jugée par Mlle Cibot

032: **Diva de la Fontégude,** prop. M. Holmière, P, classée 1re

031: **Delhi Dolly de Moulin Rossiou,** prop. M. Harmand, AP, classée 2e

• Classe junior jugée par Mlle Cibot

037: **Lune dell'Anty,** (recommandée), prop. Doot Sacchi, Exc., classée 1re

034: **Douce,** (cotée 2 points), prop. Mme Carone, Exc., classée 2e

043: **Chimère de Tisne,** (cotée 2 points), prop. Mlle Duconte, Exc., classée 3e

039: **Cerise,** (cotée 2 points), prop. M. Barbeau, Exc., classée 4e

• Classe ouverte jugée par Mlle Cibot

046: **Cagnotte de l'Estom Soubiran,** (recommandée), prop. M. Badel, CAC/Exc., classée 1re

• Classe travail jugée par Mlle Cibot

067: **Astuce des Génins,** (cotée 2 points), prop. M. Rousser, Exc., classée 1re

065: **Briska du Col de Gratteloup,** (cotée 2 points), prop. M. Grima, Exc., classée 2e

066: **Amande du Clos du Vieux Fief** (recommandée), prop. M. Monneveux, Exc., classée 3e

• Classe champion jugée par Mlle Cibot

068: **Themis du Pic d'Arbizon** (recommandée), prop. M. Plaisy Exc., classée 1re

• Classe vénérable jugée par Mlle Cibot

069: **Muscade des Genins,** prop. M. Rousser, TBC, classée 1re

070: **Nabiu,** prop. M. Torralba, TBC

Bergers mâles (face-race)

• Classe ouverte jugée par M. Sénécat

071: **Charlie** (recommandé), prop. Mme Cloez, CAC, Exc., classé 1er. Meilleur de sexe

• Classe vénérable jugée par M. Sénécat

072: **Joujou de l'Orinclois,** prop. M. Olive, TBC, classé 1er

Bergers femelles (face-race)

• Classe ouverte jugée par Mlle Cibot

073: **Chamalières du Val Soannan** (recommandée), prop. Mme Reilhac, CAC, Exc., classée 1re. Meilleure de sexe — Meilleure de race

074: **Ninon vom Wunderhorn,** prop. M. Harmand, TB, classée 2e

Palmarès de la nationale d'élevage 1990

Bergers des Pyrénées mâles à poil long ou mi-long

- Classe puppy

Estom, TP, classé 1er

Etna du Pectens veneri, TP

- Classe junior

Elath de l'Oustaou de Padel, TP, classé 1er

- Classe jeune

Esparcet de l'Oustaou de Padel, Exc., classé 1er

Elam de Tisne, Exc., classé 2e

E' Joie de l'Oustaou de Padel, Exc.

- Classe ouverte

Alari du Grand Bestiolan CAC, Exc., classé 1er. Meilleur de sexe

L'Adour du Val d'Arès, RCAC, Exc., classé 2e

César de l'Oustaou de Padel, Exc., classé 3e

Coquelicot du Pic d'Arbizon, Exc., classé 4e (recommandé)

Darracq de l'Estom Soubiran, Exc., classé 5e

- Classe travail

Drac de l'Oustaou de Padel TB, classé 1er

- Classe champion

Bidao II de l'Ourdissetou Exc., classé 1er

Bijou dell'Anty Exc., classé 2e

Bergers des Pyrénées femelles à poil long ou mi-long

- Classe puppy

Errel du Pays des Allobroges, Exc., classée 1re

- Classe junior

Espuguettes du Pic d'Arbizon, TP, classée 1re

Eineken de l'Oustaou de Padel, TP

Nousty du Val d'Arès, TP

Estavelle du Pic d'Arbizon, TP

- Classe jeune

Eclipse du Pic d'Arbizon, Exc., classée 1re

Navaille du Val d'Arès, Exc., classée 2e

Estive du Pic D'Arbizon, Exc., classée 3e

Elsa des Pétuzous, Exc., classée 4e

• Classe ouverte

Draille de l'Oustaou de Padel, Exc., classée 1re. Meilleure de sexe — Meilleure de race — Meilleure Berger

Anères du Val Soannan, RCAC, Exc., classée 2e

Coumely des Pétuzous, Exc., classée 3e

Vaillance, Exc., classée 4e

Avoine du Pic d'Arbizon, Exc., classée 5e

Anouck du Col de Gratteloup, classée 6e

• Classe travail

Astuce des Genins, Exc., classée 1re

• Classe champion

Astugue, Exc., classée 1re

Thémis du Pic d'Arbizon, Exc., classée 2e

• Classe vétéran

Maya (à titre initial), BC, classée 1re

• Classe vénérable

Muscade des Genins, TBC, classée 1re

Bergers des Pyrénées mâles à face-rase

• Classe ouverte

Duc (à titre initial), Exc., classé 1er

K'Agos du Val d'Arès, TB

• Classe travail

Dakar du Grand Bestiolan, Exc., classé 1er

Bergers des Pyrénées femelles à face-rase

• Classe ouverte

Tolosane Bleue du Pic de Marboré, CAC, Exc., classée 1re. Meilleure de sexe — Meilleure de face-rase

Colombine Bleue du Champ Bonnin, RCAC, Exc., classée 2e

Chardon Bleu du Champ Bonnin, Exc., classée 3e

Annexes

Adresses utiles

Société centrale canine
155, avenue Jean-Jaurès
93535 Aubervilliers
T. (1) 49.37.54.00

Réunion des amateurs de chiens pyrénéens

Président:
Guy Mansencal
25, rue Fléming
65000 Tarbes
T. 62.93.66.05 (heures repas)

Secrétaire:
Alain Pécoult
La Bourguine
84460 Cheval-Blanc
T. 90.78.29.63

Urgences vétérinaires

• Paris et région parisienne:
SOS Vétérinaires
Paris: T. 47.45.18.00
Ouest: T. 47.45.51.00
Nord: T. 47.45.28.00
Sud: T. 47.45.49.00
Est: T. 47.45.39.00
Val d'Yerres: T. 47.45.72.00
Vétérinaires à domicile 24h/24:
T. (1) 42.65.00.91

• Province:

Lyon
SOS Vétérinaires: T. 78.54.00.71

Villeurbanne
SOS Vétérinaires: T. 78.93.12.22

Villefranche
SOS Vétérinaires: T. 78.91.40.80
Urgences Vétérinaires à domicile:
T. 78.24.55.74

Marseille - Aubagne
SOS Vétérinaires: T. 91.63.09.00
SOS Dog: T. 91.64.61.66

Bordeaux
SOS Animaux: T. 56.04.16.19

Lille
SOS Vétérinaires: T. 20.53.23.23

Ain
SOS Vétérinaires: T. 72.25.70.20

Nantes - Loire-Atlantique
SOS Vétérinaires: T. 40.68.07.07

Affixe

Ce qu'il est

L'affixe est une dénomination qui s'ajoute au nom d'un chien et qui permet de savoir de quel élevage l'animal provient:
a) précédant le nom du chien, il prend le nom de préfixe (exemple: Sweet Athos)
b) succédant au nom du chien, il prend le nom de suffixe (exemple: Athos du Fin Museau)

Engagements pris par le détenteur d'un affixe

L'éleveur désirant utiliser un affixe doit s'engager à respecter les dispositions suivantes:
— produire et n'élever que des chiens de race inscrits au LOF ou au Livre d'attente;
— soumettre au contrôle de la SCC la totalité des chiens de son élevage;
— respecter les directives d'élevage des associations des races qu'il produit;
— faire inscrire au Livre généalogique la totalité des produits de son élevage dans le respect de la réglementation (géniteurs confirmés, déclaration de saillie dans les quatre semaines, déclaration de naissance dans les deux semaines, tatouage de la portée à l'élevage avant dispersion).

Il est averti qu'en cas de manquement aux engagements ci-dessus ou de fausse déclaration, l'affixe qui lui a été attribué pourra être rayé du répertoire et son utilisation interdite.

Comment l'obtenir

L'éleveur désirant obtenir un affixe doit être membre d'un Club de race au moment de la demande et constituer un dossier qui comprendra:
— le formulaire de demande, dûment rempli, signé par le ou les demandeurs et comportant l'aval du président de l'association de race;
— un spécimen de sa signature sur carton; toutes les déclarations ultérieures adressées à la SCC devront être conformes à ce spécimen;
— une fiche individuelle d'état civil par demandeur;
— un chèque du montant du tarif en vigueur.

La SCC vérifie que les conditions requises sont réunies et garantit à l'éleveur, après vérification sur le répertoire national des affixes, que la dénomination sollicitée n'est pas utilisée par un autre éleveur sur le territoire national, puis transmet à la Fédération cynologique internationale pour décision.
En cas de manquement aux obligations souscrites par l'éleveur et contenues dans le formulaire, ou en cas de fausse déclaration, la SCC interdira à l'éleveur d'utiliser l'affixe qui sera rayé du répertoire.

L'affixe ne peut pas être modifié après son attribution. Il peut être cédé ou transmis si la SCC en autorise la cession ou la transmission.
Dès attribution de l'affixe sur le plan international, le demandeur en est avisé et une carte d'attribution dénommant son élevage lui est adressée.
Afin d'éviter des erreurs au moment de l'émission des certificats de naissance, il y a lieu de mentionner sur les demandes d'inscription de portées concernées: affixe «en cours».

Extension de l'affixe à d'autres races

Après avoir obtenu l'autorisation d'utiliser un affixe pour une race, l'éleveur n'est pas tenu de demander l'extension de cet affixe aux associations de race concernées s'il produit d'autres races (décision du Comité de la SCC le 18 juin 1986).

Cession ou transmission de l'affixe — Affixe en association

L'affixe peut être cédé ou transmis si la SCC en autorise la cession ou la transmission. Toute demande de cession, de transfert ou d'association doit faire l'objet d'une demande écrite adressée à la SCC par le titulaire de l'affixe.

Peut-il y avoir effet rétroactif?
Il n'existe pas d'effet rétroactif en matière d'affixe. L'affixe éventuellement accordé ne peut être reporté sur les chiens de l'élevage dont l'inscription au Livre des origines français est antérieure à la concession de l'affixe.

Livre généalogique pour l'espèce canine (extraits)

Titre II — Modalités des inscriptions

21. Inscription provisoire au titre de la descendance
Cette modalité concerne les sujets issus de géniteurs déjà inscrits à titre définitif au LOF dans la même section de race. Les sujets d'une même portée sont inscrits simultanément et à la suite les uns des autres après avoir été identifiés par tatouage. L'inscription est faite à titre provisoire, elle donne lieu à délivrance du certificat de naissance. Une fois reconnus aptes à la confirmation, les chiens peuvent être inscrits à titre définitif au LOF avec délivrance du pedigree remplaçant le certificat de naissance.

A) L'éleveur, dénommé également producteur (propriétaire de la chienne reproductrice):
- doit s'assurer que les reproducteurs choisis sont inscrits définitivement au Livre généalogique;
- se procure, préalablement à la saillie, l'imprimé réglementaire de «Certificat de saillie» délivré par la Société centrale canine;
- adresse à la Société centrale canine ce certificat rempli soigneusement et très lisiblement, daté, et signé par les parties en cause (propriétaires de la chienne et de l'étalon), dans un délai qui ne pourra excéder quatre semaines à compter de

la date de saillie. Au cas où la chienne serait saillie par deux fois, le délai de quatre semaines comptera à partir de la date de la dernière saillie.

B) Au reçu du certificat de saillie, la SCC vérifie les indications qu'il contient, ouvre un dossier auquel elle attribue un numéro de référence et adresse à l'éleveur une liasse comportant deux volets: le premier appelé «Déclaration de naissance»; le second appelé «Demande d'inscription de portée». Sur cette liasse la SCC a reporté certaines indications figurant sur le Certificat de saillie (nom et adresse de l'éleveur propriétaire de la chienne, affixe, date de saillie, race, noms de la chienne et de l'étalon).

C) L'éleveur doit:

• Dans les deux semaines qui suivent la naissance, envoyer à la Société centrale canine un exemplaire du volet «Déclaration de naissance» complété soigneusement et lisiblement, en précisant notamment — si elle n'est pas celle de l'éleveur propriétaire de la chienne — l'adresse où la chienne et la portée seront visibles; daté et signé.

• Dès que les animaux sont tatoués, adresser à la SCC en un envoi groupé:
- un exemplaire du volet «Demande d'inscription de portée», soigneusement et lisiblement complété. Il y mentionne le montant des frais de portée calculé sur la base indiquée par chiot vivant à inscrire. Les chiots de la portée éventuellement décédés depuis la déclaration de naissance seront signalés (mentions à porter sur la ligne suivant le dernier chiot à inscrire). L'inscription doit être faite pour la totalité de la portée: l'écart éventuel avec la déclaration de naissance ne peut correspondre qu'à des chiots morts;
- le volet «Fichier central» de la carte d'identification par tatouage de chacun des chiots vivants de la portée, en le complétant soigneusement au verso;
- le titre de paiement des frais d'inscription et d'établissement des certificats de naissance, tels qu'ils résultent de la proposition d'inscription, sous la forme choisie par l'éleveur (chèque bancaire, chèque postal 3 volets ou mandat-lettre).

D) La Société centrale canine vérifie la conformité des éléments de l'envoi groupé, engage avec l'éleveur les correspondances nécessaires pour d'éventuelles mises au point puis procède à l'inscription provisoire au LOF et à l'établissement des «Certificats de naissance» qui sont adressés à l'éleveur par paquet poste recommandé.

22. Inscription définitive au titre de la descendance

La confirmation et l'inscription définitive sont obligatoires pour les reproducteurs des deux sexes au regard du LOF.

A) Le propriétaire d'un chien titulaire d'un certificat de naissance et destiné à la reproduction doit donc:

— présenter le chien à partir de l'âge voulu (variable selon les races) à un expert de la SCC en vue de la confirmation, accompagné du certificat de naissance et du formulaire d'examen de confirmation préalablement rempli et signé;
— lorsque le chien est déclaré apte par l'expert, adresser à la SCC en un envoi groupé, les deux documents ci-dessus et le titre de paiement des frais de dossier suivant le tarif en vigueur. A noter que la validité du certificat de confirmation est limitée à un an.

B) La SCC ouvre le dossier, en vérifie la conformité, le soumet à l'association de race et une fois l'avis favorable obtenu, procède à l'inscription définitive au LOF avec établissement du «pedigree» qu'elle adresse au propriétaire.

23. Inscription à titre initial

Cette modalité est praticable tant que le Livre généalogique pour la race considérée est ouvert. L'inscription ne peut être effectuée qu'après examen de l'animal dans les mêmes conditions que pour une épreuve de confirmation et après avis favorable de l'association spécialisée de race. Elle concerne les sujets adultes reconnus de très grande qualité dans la race et capables de l'améliorer mais issus de géniteurs inconnus ou non déclarés à la naissance, ou déclarés et non inscrits, les formalités n'ayant pas été remplies.

Ces chiens sont réputés sans ascendance connue et inscrits définitivement au LOF avec délivrance du pedigree sans indication de généalogie.

A) Le propriétaire de l'animal doit:

— faire identifier le chien par tatouage avec immatriculation au Fichier central;
— se procurer auprès de la SCC l'imprimé de «Déclaration pour l'enregistrement au LOF à titre initial»;
— le remplir très soigneusement, dater et signer, sans omettre d'indiquer le numéro d'identification par tatouage;
— présenter l'animal avec cet imprimé et, le cas échéant, le récépissé de déclaration de naissance (voir chapitre 33) à un expert confirmateur de la SCC en vue de l'examen. L'expert mentionne obligatoirement sur ces documents le qualificatif précis qu'il attribue à l'animal;
— transmettre à la SCC le ou les documents annotés par l'expert.

B) La Société centrale canine:

— ouvre le dossier et procède à la vérification de conformité;
— engage éventuellement les correspondances nécessaires pour mise au point;
— après accord de l'association de race agréée, procède à l'inscription définitive au LOF et à l'établissement du pedigree qui est adressé par paquet poste recommandé.

24. Inscription par le moyen du Livre d'attente

Lorsque des sections de race du Livre des origines français sont fermées, il est tenu, pour ces sections, un Livre d'attente qui est divisé en 3 parties correspondant à 3 générations d'inscription.

Les formalités d'inscription au Livre d'Attente en 1re génération sont analogues à celles exigées pour l'inscription au LOF à titre initial sans ascendance (voir chapitre 23). Celles concernant les inscriptions en 2e et 3e générations suivent un processus semblable aux inscriptions provisoires au titre de la descendance (voir chapitre 21).

La déclaration de saillie est effectuée sur l'imprimé «Certificat de saillie» usuel.

La Société centrale canine délivre pour chaque animal déclaré et identifié par tatouage un «Récépissé de déclaration de naissance au Livre d'attente» qui est transformé en un «Certificat d'inscription au titre de l'apparence» lorsque le chien est inscrit au Livre d'attente après confirmation.

Il appartient au propriétaire d'un chien titulaire du récépissé:

— de présenter l'animal à l'examen de confirmation avec le document et un formulaire de certificat de confirmation dûment rempli et signé;
— en cas d'aptitude, de transmettre ces pièces à la SCC avec le montant des frais de dossier suivant tarif.

Les chiens issus d'accouplement de géniteurs inscrits au Livre d'attente en 3e génération peuvent avoir accès au LOF au titre de la descendance. Les imprimés LOF sont alors utilisés pour les déclarations.

25. Inscription au titre de l'importation

Concerne les animaux nés à l'étranger déjà inscrits à un Livre généalogique reconnu par la Fédération cynologique internationale. L'admission n'est effectuée qu'après confirmation par un expert-confirmateur agréé par la SCC et avis favorable de l'association de race.

A) Le propriétaire du chien doit:

— faire procéder à l'identification par tatouage de celui-ci en vue de son immatriculation au Fichier central des animaux de l'espèce canine;
— se procurer auprès de la SCC un imprimé de «Déclaration pour inscription au LOF d'un chien né à l'étranger et importé en France» et un formulaire de certificat de confirmation;
— les remplir soigneusement, dater et signer sans omettre le numéro d'identification par tatouage;
— présenter l'animal avec ces imprimés et son pedigree original à un expert de la SCC en vue de l'examen;
— transmettre à la SCC les documents ci-dessus lorsque l'expert a émis un avis d'aptitude à la confir-

mation du chien, en y joignant le montant des frais de dossier suivant tarif. Pour les chiens d'origine allemande, il y a lieu de produire également le certificat de reconnaissance (*Anerkennung*) delivré sur demande par l'organisme national (VDH Postfach 1390 — 46 Dortmund — RFA).

B) La Société centrale canine:
— ouvre le dossier et procède à la vérification de conformité;
— recueille l'avis de l'association spécialisée de race;
— dès réception de l'avis favorable, procède à l'inscription définitive au LOF. Cette inscription est matérialisée sur le pedigree d'origine par l'apposition du timbre de la Société centrale canine, l'indication du numéro d'identification par tatouage et du numéro d'inscription au LOF.

Titre III — Cas particuliers

31. Chiens nés Outre-mer

Par dérogation, la confirmation n'est pas obligatoire pour les départements et territoires d'Outre-mer.

La Société centrale canine délivre, en place du certificat de naissance prévu au chapitre 21, pour les chiens nés dans ces départements et territoires un pedigree sur lequel il est expressément spécifié qu'ils ne pourront être utilisés comme reproducteurs sur le territoire métropolitain qu'après y avoir subi l'examen de confirmation.

32. Export (chiens exportés avant confirmation)

Un pedigree export est délivré pour les chiens exportés qui n'ont pas été soumis à l'examen de confirmation mais qui ont fait — ou peuvent faire — l'objet d'une inscription provisoire au LOF au titre de la descendance.

Il y a lieu de préciser sur la demande de pedigree export les nom et adresse du propriétaire étranger de l'animal.

Le document porte la mention «Chien non confirmé du fait d'exportation».

Dans le cas où le chien viendrait à être réimporté en France, il doit subir avec succès l'examen de confirmation pour être inscrit définitivement au Livre des origines français.

Titre IV — Contrôle des déclarations

Le contrôle des déclarations incombe à la Société centrale canine qui, notamment, fera procéder à des visites inopinées des élevages.

Pour cela, elle mandate un contrôleur et lui délivre une commission qu'il est tenu de présenter pour l'exécution de sa mission. Toute fausse déclaration peut entraîner pour son auteur:
— la fermeture du Livre généalogique;
— l'interdiction de participer aux manifestations organisées par la Société centrale canine et ses associations affiliées.

Bibliographie

La littérature spécialisée est à ce jour relativement pauvre en ce qui concerne le Berger des Pyrénées.

Citons:

Les Chiens pyrénéens de C. Duconte et J.A. Sabouraud, Ed. Crépin-Leblond.

Les Chiens pyrénéens de garde et de conduite des troupeaux en haute montagne de Jacques Coly. A compte d'auteur: 1 bis, impasse du Bois d'Auteuil - 94440 Villecresnes.

Les Chiens de berger français du Dr Luquet - Ed. De Vecchi.

Revues: *Atout Chien*
Vos Chiens
Chiens 2 000

Bulletins trimestriels édités par la RACP et réservés à ses adhérents.

TABLE DES MATIERES

également aux

éditions de vecchi

LES BRAQUES

Tous les amateurs de cette race seront séduits par la passion de l'auteur pour ces compagnons d'exception et les nombreuses informations contenues dans son ouvrage : les origines historiques, les standards, l'alimentation, la reproduction, les maladies et leurs traitements, l'entraînement à la chasse...

Par André Harmand
232 pages, nombreuses photos en noir et couleurs, code 1601

LE GRAND LIVRE DU HUSKY SIBÉRIEN

Le Husky est aujourd'hui un animal très recherché pour ses qualités exceptionnelles de courage et d'endurance, mais aussi pour sa beauté. Il fallait donc consacrer à celui-ci un véritable ouvrage encyclopédique très bien illustré et à la hauteur de ce merveilleux compagnon.

Par J. Vallerino
272 pages, nombreuses photos en noir et couleurs, code 0399

ÉDITIONS DE VECCHI - 20, rue de La Trémoille - 75008 PARIS - Téléphone (1) 47.20.40.41
DIFFUSION - Belgique PRESSES DE BELGIQUE ; Suisse ALKA DIFFUSION ; Canada PROLOGUE

également aux

éditions de vecchi

LES TERRIERS

Marc Capelle, journaliste, vous décrit vingt-huit races de Terriers, dont il présente les origines, le standard, le comportement et le toilettage. Un ouvrage pratique, agréable et complet pour tous les amoureux de ces merveilleux chiens.

Par M. Capelle
112 pages, code 0369

LE CHIEN D'AGILITY

Importée récemment en France, l'Agility développe les qualités naturelles du chien (courir, sauter, ramper...). L'auteur brosse un panorama de cette discipline sportive, de l'éducation du chiot aux techniques de guidage en concours.

Par J. Herreros
144 pages, code 0374

ÉDITIONS DE VECCHI - 20, rue de la Trémoille - 75008 PARIS - Téléphone : (1) 47.20.40.41
DIFFUSION - Belgique PRESSES DE BELGIQUE ; Suisse ALKA DIFFUSION ; Canada PROLOGUE

également aux

éditions de vecchi

LE GRAND LIVRE DU CANICHE

Journaliste à *Atout Chien,* Catherine Baziret donne, dans un style alerte, toutes les informations pratiques nécessaires aux amoureux de cet animal adorable, enjoué, intelligent et farceur qu'est le Caniche.

Par C. Baziret
160 pages, code 0342

LE GRAND LIVRE DES SETTERS

Origines, standard, élevage, dressage, compétition, alimentation, maladies, soins et hygiène, tous les renseignements pratiques relatifs aux Setters anglais, irlandais et Gordon sont présentés dans cet ouvrage complet.

Par R. Grassi
208 pages, code 0357

ÉDITIONS DE VECCHI - 20, rue de la Trémoille - 75008 PARIS - Téléphone : [1] 47.20.40.41
DIFFUSION - Belgique PRESSES DE BELGIQUE ; Suisse ALKA DIFFUSION ; Canada PROLOGUE

également aux

éditions de vecchi

GUIDE PRATIQUE DU TOILETTAGE POUR CHIEN

Bourré de conseils précieux et agrémenté de nombreuses photos, cet ouvrage fera le plaisir de tous ceux pour qui la beauté et l'hygiène de leur chien sont synonymes de bien-être... Ils pourront ainsi mettre en pratique les multiples façons de laver, brosser, tondre...

Par Catherine Baziret
160 pages, nombreuses photos en noir et couleurs, code 1603

LE CHAT PERSAN

Magnifique entre tous, le chat Persan est une des races parmi les plus belles et les plus nobles. Grâce à ce livre, vous pourrez éduquer, nourrir, toiletter, mieux connaître le caractère particulier de votre compagnon pour le rendre plus heureux encore.

Par Amélie Murante
144 pages, code 0309

ÉDITIONS DE VECCHI - 20, rue de La Trémoille - 75008 PARIS - Téléphone (1) 47.20.40.41
DIFFUSION - Belgique PRESSES DE BELGIQUE ; Suisse ALKA DIFFUSION ; Canada PROLOGUE

Achevé d'imprimer
en mars 1991
à Milan, Italie, sur les presses
de Grafiche Milani

Dépôt légal: mars 1991
Numéro d'éditeur: 2585